家庭教育，是每个人“懂事长”的过程……

谁是家中“懂事长”

DONG SHI ZHANG

——当代“家书”故事中的教育

主编　徐彩萍

文匯出版社

序

为一本有价值的书写序显然是一件有价值的事情。因此,当本书的作者邀我为其写序时,我欣然应允。

说本书有价值,首先是因为它谈论的事情或话题很有价值,很有意义。

《谁是家中“懂事长”》是一部关于家庭教育的著作,准确地说,是一部关于家庭教育的经验总结文集。我们知道,家庭教育与学校教育、社会教育共同构成了人类教育的三大支柱。家庭教育在整个教育体系中发挥着十分重要的、基础性的和支撑性的作用。正如我国著名家庭教育专家赵忠心教授经常说的:家庭教育是打底色的教育。家庭教育工作开展得如何,关系到千千万万孩子的终身发展,关系到千家万户的切身利益,关系到国家的命运和民族的未来。近年来,习近平总书记发表了一系列关于家庭教育的重要论述,这些论述可以说都是在强调和论述家庭教育对于个人、家庭以及国家和民族发展的重大意义。

我们通常所说的家庭教育,既包括父母对子女的言传身教,也包括学校教师、相关社会工作者对家长的家庭教育指导。这两方面,本书都涉及了。书的第二个板块就是本书主编和主要作者徐彩萍与其两个女儿的家庭教育故事,记录了她多年的育儿心得,可以说是当代版的家书。第三个板块是张家港市的家庭教育服务团队的家庭教育指导服务案例。第一板块则是徐彩萍立足后两个板块实践内容而产生的关于家庭教育的理论思考。因此,本书既适合想学习家庭教育知识和经验的家长们阅读, 也适合打算学习家庭教育指导知识和经验的中小学、幼儿园教师以及社区工作者阅读,同时对于家庭教育的理论研究者也具有重要的参考价值。

说本书有价值,其次是因为书的作者是一群具有丰富家庭教育实践经验的一线专家,由他们来畅谈家庭教育的感悟和交流家庭教育工作的经验,有着特别重要的现实意义。

现在谈论甚至"研究"家庭教育的人不少,但真正潜下心来,认真研究,扎扎实实不断探索并实践家庭教育和家庭教育指导工作的一线专家却不算多。而做家庭教育工作能够达到本书作者之境界和水平的尤其少。当然,这是根据我自己所掌握的情况而言的。本书的主要作者徐彩萍在张家港特别是该市的教育系统可谓大名鼎鼎:她是张家港市未成年人健康成长指导中心负责人,家庭教育服务中心主任,张家港市第七届十杰青年之一,张家港市家庭教育协会会长,苏州市中小幼心理教育专委会副会长,苏州市学科带头人,苏州市中小学家庭教育名师工作室领衔人,是家喻户晓的"彩萍姐姐"。在全国的家庭教育领域,她也是颇有名气的:她是中国教育咨询高级指导师,国家教育行政学院家庭教育研究中心特聘专家,第二届中国家庭教育百名公益人物之一,第四届"妈妈您最美——爱在365天"德育盛典中"最美妈妈"称号获得者。

徐彩萍自称是我的学生,因为她在国家教育行政学院学习时我给她上过课,做过她的班主任。其实,就家庭教育而言,我向她学到的以及需要向她学习的东西更多,毕竟她一直奋战在家庭教育工作的一线,她的经验更接地气,她的工作更能产生直接的实际效果,而且已经取得了许多实际成效，得到无数学生家长和校长、老师的认可及称赞。我对家庭教育多是基于理论研究和思索而来的“空谈”和“说教”，而徐彩萍和她的团队多是立足实践探索而生的“感悟”和“实干”。当下中国的家庭教育特别需要越来越多的像徐彩萍和她的团队这样的实干专家。离开了千千万万这样的家庭教育实干专家，十九届四中全会提出的“构建覆盖城乡的家庭教育指导服务体系”的目标是无法实现的。就这个意义上说，《谁是家中“懂事长”》一书的价值尤其特别。

说本书有价值，还因为本书作者所在的区域——张家港是一个令许多人包括热爱家庭教育事业的人特别景仰和向往的地方，是一个产生了家庭教育的张家港模式和经验的地方。

我们知道，早在 20 世纪 90 年代，“团结拼搏、负重奋进、自加压力、敢于争先”的“张家港精神”和“张家港经验”就走向了全国。而在家庭教育工作领域，徐彩萍和她带领的团队无疑是模范地践行了张家港精神。她和她的团队在家庭教育工作领域所做出的令人敬佩的成就正是这一精神的结晶。我在多个场合讲过：就县市一级的区域而言，张家港的家庭教育工作是走在全国前列的。这一成就的取得，一方面得益于张家港市教育局乃至苏州市教育局领导对家庭教育工作的高度重视和有效举措，另一方面更离不开徐彩萍和她带领的团队成员们的智慧和汗水，离不开他们日复一日、脚踏实地的辛勤工作。为了推广张家港的经验，国家教育行政学院家庭教育研究中心于2018年5月23日—25日曾在该市召开了全国家长学校建设工作推进会。这次会议取得了非常好的效果，对于推进全国的家庭教育工作发挥了比较大的积极作用。

徐彩萍所带领的张家港市的家庭教育服务团队是一支师德修养高、专业能力强的教育志愿服务品牌队伍。志愿者团队及预备队成员已有200多位,都是从心理健康教育、家庭教育专业人员中层层选拔考核而来。团队梯队式成长,很多团队成员也成为了各自学校、单位骨干力量。几年来,这支团队成员几乎走遍了张家港市的999平方公里,活跃在全市160多所学校、近100个社区。他们举办辅导讲座、进行现场咨询、接待个案咨询、举办小型教育沙龙等,以各种有效的形式开展家庭教育服务工作。所有这些工作的开展,他们都是以志愿者的身份出现的。这些工作的每个环节几乎都要克服许多困难,付出许多艰辛。他们的确是在"自加压力",的确是在"负重奋进",当然,他们更是在"团结拼搏",他们也"敢于争先"。与此同时,他们还实践了另一种精神,那就是"奉献、友爱、互助、进步"的志愿服务精神。

说心里话,我在翻阅书稿的过程中,感觉自己是在虔诚地学习:

学习一个人——徐彩萍:张家港市家庭教育工作的领头人,一个热爱并献身于家庭教育工作的巾帼豪杰;学习一个团队——张家港市心树林家庭教育志愿服务团队;学习一种精神——"团结拼搏、负重奋进、自加压力、敢于争先"的张家港精神,包括"奉献、友爱、互助、进步"的志愿服务精神。

我希望更多的人有我这样的学习机会。

国家教育行政学院家庭教育研究中心主任、教授

许玉乾

自序

养育两个女儿的过程中，我常常随手记录孩子成长的点滴。先生说我在记录小孩子慢慢地懂事、慢慢地成长，于是“家有懂事长”就成了我5年来育儿笔记的主题。有时我也会停下来想，究竟谁是我家的“懂事长”呢？

有天一早打开门，大风从正门吹进来，昨晚大宝小贝在桌上玩儿的小纸片顿时随风飘散一地。我刷完牙正要去扫，却看见小贝拿着一个小小的塑料袋，蹲在客厅的地板上捡着小纸片。“妈妈不要扫了，我来带纸片回家。”“小纸片的家？小纸片的家在哪儿呢？”“在我手里呀，这个小袋子就是它们的家。袋子里面吹不到风，它们就不会被风吹走了。回不到家，小纸片会哭的……”

瞬间，我就被小纸片简易的家感动了。

“不被风吹，不会找不到家”，大人用许多语言都解释不清楚“家”的概念，对小贝来说就那么简单。这个早晨的瞬间，孩子用自己的方式演绎她心中“家”的含义、表达她对家的爱。我庆幸没有错过这个细节。

我家大宝和小贝相差15岁。姐姐大学毕业刚开始实习时，可能遇到了困难，也可能犯了一些错误，有时回家带着些小情绪，脸色不好，嘴里咕囔……尽管我能感觉到她心里有事，但我不问。我认为不管孩子遇到什么难题都需要自己去接受和承担，想问的时候她自然会张嘴问。

过了一两天，她情绪有些好转，终于开口问了：“妈妈，一个人走上社会必须经历的是什么？”“是犯错。”“为什么？”“因为进入一个陌生的未知领域，总归会有些探索，也一定会遇到从来没有经过的事，谁都没有把握一定不出错。”

“哦，妈妈，你犯过错吗？”“妈妈犯过不少错，不过都不太记得了……”“为什么？”“刚开始工作，犯了错心里也不舒服。后来我就把犯错当成一个养正的契机、成长的机会，总琢磨能从犯错中得到什么收获，避免再次犯错的秘诀是啥，这次犯的错怎么纠正，以后怎么做更好……犯错后有很多需要做的事，就来不及难过了。慢慢地，犯的错就越来越少了……”

无论孩子还是成人都会犯错，犯错可能很难为情，也可能很棘手，或许还是一个小小的危机。既然犯错难免，就不妨用最积极的状态让犯错变为成长的契机。如此一来，改错越多，懂事成长的契机就越多。

反思孩子们“懂事长”的点点滴滴，忽然发现我也在“懂事长”。

小贝上幼儿园小班时，周末我带两个孩子出去踏青。谁知，只是因为我拉着谁的手这点儿小事，大的不让小的，小的不让大的，我心里也不舒服，还发了火，结果没走多远我们仨便垂头丧气地回家了。

回到家我独自在书房发呆，越想心里越委屈：我努力把爱平均分给你们，你们还要这样争妈妈的关注，老这样摩擦，问题出在哪儿？我想了好几天，直到偶然看到两个算式，我才明白了自己应该改变的方向。

我原来是坚持“爱的平均分”1/2=0.5，总想对两个孩子不偏不倚，携左顾右，唯恐闪失，又紧张又容易出错。后来我变成“爱的阶乘”1×2=2！有两个孩子，妈妈就应该有两份深沉的爱，每份都应该是100分的爱。当我思考到这个层面，真诚地发自内心去爱孩子的时候，我逐渐可以淡定地观察孩子,及时捕捉孩子的需要,及时给予关心和呵护。

两孩家庭,父母对每个孩子都应该是满满的爱,而不是平均分的爱。自从我有了对这两个算式的认识,再带两个孩子就很少担心她俩吵架,即使遇到状况也能淡定引导。我把我的感觉告诉先生,先生很认可用心爱她们中的每一个,他自己也有"突击"教育,效果却不理想的体验。先生后来改变状态后,才懂得这个道理,他说自己也是"懂事长"。

孩子的奶奶从小贝还没有出生就看着电视教程学习小儿推拿,孩子的姥姥、姥爷也在不断学习。老人学新知,岂不也是"懂事长"?我和张家港"心树林"家庭教育志愿团队的"林老师"们一起,在学习、指导、服务于家庭教育工作的过程中,也在慢慢地"懂家中事",也是"懂事长"。由此看来,孩子、父母、长辈……家中的每个人都在育儿过程中经历着一件件事,享受着"懂事长"的一个个幸福时刻。

徐彩萍

目录

中篇:家有“懂事长” 徐彩萍

上篇：对『家庭教育』和『家庭教育指导』的认识与实践

张家港市家庭教育服务中心　徐彩萍

“思维方式”影响“思维方式”
——家庭教育是“思维方式”的成长

很多时候，来中心咨询的家长、父母总是情绪激动地，或伤心、或上火地责怪孩子的想法太简单，分不清人、事的好坏，搞不清学习的责任……

“叙述”是家长固有思维方式的呈现

遇到这样的情况，大多时候我总是进行这样的提问：说说平时孩子有这样的情况，我们作为爸爸妈妈，是怎么做怎么说的呢？如果有问题，你们看，问题可能是在哪儿？爸爸先说还是妈妈先说……

于是，家长就在我的提问下，交流中，发现自己可能存在的问题，我尽量在其中支持家长自己清晰问题所在。这是让家长自己反思平时家庭教育的状态，从中找到不足和可以改变的方向，然后小步子实践，阶段性回顾。

支持和完善是完美的思维互助

指导师问，家长叙述；指导师再问，家长再叙述；建议，讨论……这个过程是很思维很专注的过程，家长要专注于对平时教育事例的真实讲述，家庭教育指导师要专注，专注家长交流中的点、线、面，及时地提醒和点拨。有可能这其中会遇到家长因为各种原因，讲述不下去的点，指导师还要做相应的支持。

由此看来，家庭教育，对于家庭教育指导师和家长，都要有这样四种思维方式，以全面培养良好的思维能力：能从历史的角度看待问题的历史思维方式；能正反两方面看问题的辩证思维方式；能实事求是、客观看问题的思维方式；能从问题，从矛盾中，看到变化，不孤立不呆板不功利地看待事物的矛盾思维方式。

“思维方式”影响“思维方式”

这里有两层意思，第一层意思是“父母的思维方式”在家庭教育中，每时每刻都在影响着“孩子的思维方式”。第二层意思是，在家庭教育指导中，指导师的思维方式，也在支持着家长的思维方式的完善。这些过程，都是双赢的。

家庭教育指导师和家长，都应该在多方面的学习中获得这样全面的思维方式。特别是家庭教育指导师，得在生物学知识、教育学知识、心理学知识、社会学知识等诸多方面完善知识结构；在家庭教育指导的专业态度和原则、教育咨询、危机干预、教育测量……又清晰地感到肩膀上的重量和责任。黄百炼教授和赵石屏教授在讲课中也有这样的感觉，因为两位教授都提到：“你们是我国第一期家庭教育高级指导师的学员，相当于国家家庭教育‘黄埔一期’学员，我们对你们的要求要高一些，你们对自己的要求也要高一些……”叩问作为既是家长，又是家庭教育指导师的我，回答：一直在路上……

“蓬生麻中，不扶而直”
——“家庭教育”就是“环境”

荀子曰：“蓬生麻中，不扶而直；白沙在涅，与之俱黑。兰槐之根是为芷，其渐之滫，君子不近，庶人不服，其质非不美也，所渐者然也。”

这段文字，更多从自然现象推及人与人之间的影响。孩子的成长也有诸多部分都是环境的结果。我们通常关注的家庭教育，就是未成年人在家庭中成长教育的部分。环境氛围对于家庭教育的重要性不言而喻。那如果把“家庭教育”也比作“环境”，责任人当然是家长。

狭义的家庭教育，孩子问题多

好多家长的家庭教育咨询很狭窄，就是学业问题。那么，家庭教育只关心孩子的学习和成长可以吗？家庭教育只关心孩子的学习和成长，这是一个狭义的家庭教育，很容易产生问题。梳理归类家庭教育咨询、指导工作中的案例，其中不少是因为家庭休闲方式的不当引起孩子的种种问题。所以，家庭教育关心孩子的学业很重要，家庭休闲指导也同样重要。

孩子一旦有问题，改变不易

“老师，您看这孩子怎么这样的，整天无所事事，无精打采，没有目标……”其实，孩子身上反映出来的问题，往往都是家庭中的隐性矛盾或者家庭教育问题积累到一定程度的外在显现，而且还不容易修改，因为形成是需要时间的。奇怪的是家长常常希望一来咨询马上得到改变，这是不可能的事。比如网瘾，比如无所事事，等等，都是不良家庭休闲方式引起的。如果家庭教育中休闲指导不力，就会有诸多表现和很多危害：休闲单调与不会休闲的问题；休闲无度与网瘾问题；休闲失范与越轨问题等。

最有保障的教育，身正为范

家长最期盼知道的，是孩子啥时候能成才，啥时候能不需要我们管，什么时候能阳光起来……殊不知孩子一旦出现问题难改，家庭教育最容易的是防患于未然。家长从"我"做起，自身为范。发挥家庭休闲的正面功能，松弛身心恢复体能调节情绪平衡心态，增进亲情融洽关系，发展自己的个人爱好，实现积极的价值追求：仁爱孝悌，崇礼贵和，诚信知报，家国情怀，勤俭廉正，修身以道！

"好学近乎知，力行近乎仁，知耻近乎勇。知斯三者，则之所以修身。"做家长不容易，但却是不可推卸的责任，那就从"修身"开始"育儿"吧！

“鱼”与“渔”的对话
——“孩子的成长”和“家长的成长”是同步的双赢

常规的统一认识是“授之以鱼，不如授之以渔”，我倒是认为：鱼和渔均可授之。鱼说：“我是现成的东西，信守拈来，可用，实用，很有效！”渔说：“我是技能，需要你练习，多日后，必将得到更多鱼！”鱼和渔争得不可开交的时候，我说：“你们各有特点和用处，我都要！”

和娃儿玩游戏，石头剪刀布！人人都会，和娃儿玩了一段时间，感觉她能经得起输赢一些了，就改了一下规则，出相同的手势才算赢！结果比之前的“输赢”玩得更开心。有时候输赢固然重要，双赢甚至多赢更能让人有收获。

“服不服气”，是亲子沟通不畅的标志

每每有家长咨询，或者孩子叙述，都会发现，孩子和父母都有对对方“不服气”的状态。特别是家长的心态，对孩子的教育，讲述平时的沟通时总是有“不服气”的样子，有一定要东风压倒西风的态势，这样的情况在问题孩子的家庭中尤为明显。

和家长交流沟通的时候，总的感觉其难点大都不在“方法”而在“理念”，也偶有理念方法都有问题的。如果方法沟通不畅，不是因为方法本身的问题，而是方法选择使用不当，追根究底，还是在家庭教育的理念上：非得让孩子服气、服输，才算沟通畅通吗？非也！这里的“方法和理念”我认为对应的便是“鱼和渔”,两者都很重要。

“双向中心”,是亲子沟通的矛盾所在

亲子沟通不畅通,往往是由于有“双向中心”的存在。所谓“双向中心”,即“双向自我中心”,父母和孩子两个层面都有以自我为中心的状态。

好多父母责备孩子以自我为中心,不懂得父母的艰辛。从心理学的角度看,是父母和孩子都有自我中心倾向,只是父母自己没有感觉而已。当父母以自己的思维方式来理解孩子的行为和心理时,孩子也会以自我为中心,然后,“双自我中心”的模式下,亲子双方都会“不服气”,沟通就一定会出现偏差。

“良性关系”,是亲子沟通的积极通道

平等地对话、耐心地倾听、信任地理解、真诚地交流,这些是亲子沟通良性的家庭关系。亲子之间的影响,和一朵云 、一棵树 、一个灵魂,得以去影响另一朵云、另一棵树和另一个灵魂一样,影响的前提是父母的心灵足够强大。

父母自己做到积极上进、善良厚道、坚韧勤劳、爱与牺牲,要求孩子具备这些品质,相对容易。反之,父母不具备这些方面的素养,却要求孩子无条件地对父母表示单方面的敬重,这对孩子是非常艰巨的任务,即便孩子在某个方面勉强做到了,内心骨子里仍会有不服气和反叛。

“相互尊重”,是亲子沟通的积极条件

一个人要得到孩子的尊重,首先得自重。家长和孩子之间也是如此。家长想让自己被孩子尊重,就得有值得让孩子敬重你的资本,这个资本与金钱无关,学会关心是一种对人生的方式和态度,是一种做人的基本素质。

尊重是责任之源。在亲子沟通中,我们可以尝试在与孩子交流前形成三个尊重孩子的预备动作,并养成习惯:清澈的眼神和微笑;创造一个和孩子亲密接触的机会(适合孩子的年龄特点);避免说教,换位思考。

“情绪稳定”,是亲子沟通高效的润滑剂

好多父母家长在教育孩子过程中, 会经常出现情绪化的问题,这样做非但不能解决问题,反而给亲子沟通造成更大的障碍。比如,如果父母对孩子恐吓威胁,孩子完全有可能去恐吓威胁同学和他人,说不定成为校园欺凌的源头。情绪化的父母会造成孩子更加情绪化,使沟通更加困难。要想沟通有效高效,父母应先调整好情绪,再进行沟通。

之所以这里提的是“调整”情绪,是有原因的。家长要懂得调整自己的情绪,也要懂得如何巧妙地让孩子学会调整情绪。父母家长学会调整情绪,宽容看待孩子,有利于孩子的身心成长。我们有了稳定的情绪,并温柔地坚持,一定还会有许多意想不到的收获。

我们还可以有这样的比喻,娃儿们是“鱼”,我们能“渔”,完全可以兼得。在这个角度来看,只要“鱼”和“渔”好好沟通,“孩子的成长”和“家长的成长”是完美的同步双赢。

测量"爱的最佳温度"
——谈家长溺爱孩子的现象、思考和警示

战国时期思想家韩非说:"人之情性莫先于父母,皆见爱而未必治也。"这句话告诉我们,父母对于子女的爱是其他任何人的爱都不能比拟的,但不见得父母都能教好自己的子女,事实就是如此。

我曾遇到一例个案。有个妈妈从小就给娃儿"一流"的食品,买"一流"的衣服鞋帽,上"一流"的学校。有一天,妈妈突然感觉孩子怎会这么浪费,怎会那么不感恩,不知其解,前来咨询。我决定从妈妈的教养方式来切入。

一味迁就,没有原则

有不少家长认为,在带孩子的过程中如果自己违背孩子愿望,会挫伤孩子的个性,影响孩子意志品质的培养,压制他们的追求和进取精神,会消磨人的意志。这种看法是非常片面的。意志品质不是你想得到什么就一定要得到什么。

正确的教养态度是不论什么样的家庭,也不论什么样的子女,家长在教育子女过程中都必须遵循一定的指导原则,这是科学家教的依据。没有原则地一味迁就对孩子有害无益。

过度关爱，没有节制

有个孩子，家里特别宝贝。结果便是这孩子体质越发下降，经常生病。

有的父母对子女的关爱，只为了爱，关爱过度还无知无觉。孩子不劳而获，没有感恩之心，孩子的状况就会越糟，其他方面也是同理。

只顾眼前，没有远方

家长如果从孩子年幼时，就把孩子的物质生活安排得非常优越舒适，让孩子尽情地享受，任意挥霍钱财，就会养成大手大脚的习惯，一点苦也不能吃。

再如果，有的家长靠自己的能力、实力、关系，千方百计地帮孩子安排舒适的工作，而不让孩子去奋斗、去努力学到真才实学，去学会自强自立。这不是真正的爱，而是标准的害。

为人父母怎样去爱孩子，会得到怎样的后果。绝不能只一味地去盲目地溺爱孩子，要给孩子施以科学的理智的爱，不仅要有好的动机，还必须讲究爱的效果和如何去爱。

警示1：如果孩子的眼前利益和幸福，同将来的利益和幸福相矛盾，那家长就应该把眼光放远一点，舍弃孩子眼前的利益和所谓的幸福，应以孩子的长远利益和幸福为重。

警示2：与其说被溺爱的孩子缺乏克服困难的勇气和毅力，还不如说过分溺爱孩子的父母剥夺了孩子锻炼心理承受能力的机会！一起去测量爱孩子的“最佳温度”吧！愿同为家长的你我都能很好把握！

家庭教育是孕育优秀人格人品的摇篮
——试谈家庭教育价值取向

我一直以为“价值观教育”是个很难琢磨透，很难讲述清楚的话题。学习了一些时间，虽然感觉到还是很难表述，但不代表不重要，更不代表不需要，就不去梳理。家庭教育问题自古以来就受到人们的关注，但作为一种学科被研究，在我国也启动并在进行中了。家庭教育中的价值观取向也要符合现实，符合未来发展需要，在家庭教育和指导中渗透。

家庭教育是人的“三大支柱教育之一”

家庭教育、学校教育、社会教育三方面构成了一个人的成长、发育和发展过程的三大支柱，三方面合力、教育步调统一、互相促进，效果就好；反之，教育影响就被削弱。从这个意义上说，这三者在三方面的教育价值观是统一的。

教育是随生命的开始而开始的，每个人首先接触的是家庭，家庭是摇篮，是最基本、最初步教育的社会元素，早期家庭教育比学校和社会教育都重要。所以说，家庭教育是一切教育的基础，是学校教育和社会教育的助手和补充。

家庭教育是人生观、价值观教育的基础

“国家的命运，与其说是掌握在当权者手中，倒不如说是掌握在母

亲的手中。"福禄贝尔的这句话深刻地说明了家庭教育的重要性。

家庭教育是人生观、价值观的教育。家庭教育是隐性的、随性的、体验式生活化的教育；家庭教育不受时空、条件限制，具有弹性，有着极大的灵活性、多样化；家庭教育是针对自己孩子特点的"特殊教育"，因此，家庭教育形式就表现为：不可选择 、必须成功、没有考核指标、非系统化、因材施教、潜移默化、内外结合——在对孩子进行"个性化"教育方面，只有家庭教育才能完成——因为只有家长才最了解自己的孩子。

家庭教育是优秀人格人品的孕育摇篮

家庭教育要常常通过学校、社会教育了解孩子的状态，如果你的目标高于学校整体水平，或者落后于学校整体水平，家长就要负起自己的责任，就要加强家庭教育。

家长无需要求自己做老师、做专家，要的是学会做孩子的教练。最好的教练是能引导孩子自己寻找答案，是因势利导，因"孩"施教。孩子的成长，人格人品比人才重要，所以说家庭教育是优秀人格人品的孕育摇篮。

“试错”与“成长”
——家庭教育能力提升需要“转轨”

我想用一小段的文字，来表达自己对“家庭教育指导师”，和“家庭教育指导”，这两个概念的“试错”与“成长”。

“试错”

“试错”其实是我们在成长过程中会经历的过程。明明知道自己做了某件事，有可能是会出现错误的，但还是尝试去做，看看是否真的有错，然后在错误或者正确的结果的基础上，分析、反思，获得新的知识和认识。从这个意义上说“试错”，是需要胆量的，是能接受“试错”后任何状态结果的勇气和信心，是有责任心的表现。

在近六七年的时间，我有很长一段时间在努力去做好一个“家庭教育指导师”的角色，就如努力学习做一个学科教师一样，很认真、努力地去学习掌握相应的知识实践相关技巧。当然，有一定的成绩，也收获了不少的教训。其中不少经历我自己也在不断认真“试错”，不断改善。

“成长”

然而经过一段时间对《家庭教育学》《家庭教育心理学》《做一个懂家教的好家长》等书籍的阅读，并且在培训学习中，有多位教授专业的引领，我越发觉得，若自己的目标之前是“做一个优秀的家庭教育指导师”,现在应该调整为“做好家庭教育指导服务工作”。前者在乎的是虚名,后者更为踏实。

但我不后悔之前的“试错”,而且,我也很珍惜之前对“做一个优秀的家庭教育指导师”的努力!虽然不是真正的“错”,但我愿意把这个过程理解为和“试错”一样但敢于承担,勤于反思。

“调整”

“家庭教育指导”是20世纪90年代,在我国兴起的有关专业人员和社会机构,对成人从理论方法内容和技术等方面进行指导。这是为了确保家庭教育的科学性、针对性和实效性,借助家庭教育外的力量,对家庭教育的实施者,给予家庭教育的过程、方法等教育,指导传授科学的教育理论方法,或指导教育信息组织教育活动,提高教育教养能力和素质,提高家庭教育水平的成人教育。

我尊重自己的认识和改变,及时把心态调整,从追求“做一个优秀的家庭教育指导师”,转变为“继续踏实做好‘家庭教育指导’工作的实践”。记录,以勉励自己。

站在高处与儿童同步
——试谈学龄前儿童家庭教育的陪伴

经常会和家长谈到对儿童的陪伴，这里的儿童是指学龄前的儿童。各式问题、各种状况特别多，家长们提出最头疼的，就是孩子各种稀奇古怪的想法让你措手不及。对于这，我有个观点：站在高处与儿童同步！

站在高处：从家长的角度，对儿童，即学龄前儿童的生理心理特点有很认真的了解，并掌握和儿童相处的方法和技巧，以便高效沟通。

与儿童同步：在“站在高处”的基础上理解孩子，懂得孩子，有所引领，与儿童的发展同步指导。接下来列举儿童家庭陪伴中常见5种状态，来理解儿童的内在表达：

儿童困惑、压力的表达

晚上问，太阳到哪里去了？怎么不见了？为什么要天黑呢？妈妈你为什么总是上班呢？为什么不能每天在家陪着我呢……这些问题，来源于有一些困惑，也来源于对孩子在没有妈妈陪的时间里存在的心理压力。

儿童心里有焦虑的语言

“爸爸妈妈，我做梦了，怎么又找不到你们，我哭了，哭得好伤心……我心爱的玩具不见了,我也很难过……”这样的现象和问题背后,其实是在表达:爸爸妈妈,如果我找不到你们,找不到心爱的玩具我会焦虑的!

儿童对概念的追问

妈妈告诉孩子:“这是长长的走廊……”孩子:“长长的走廊凶么,会咬人么……”这是儿童在了解概念的起源,对原有“狼”的认识和新知道的“廊”概念的区分和理解。她在找“狼”和“廊”的关系,在努力理解。

儿童对游戏的理解

儿童玩游戏,很快就能掌握规律,但遇到另一种游戏,又会有不同的规则,也能很快掌握。在平时的交流中,完全看得出她们的自信。在儿童游戏中,家长更多要去觉察儿童理解力的变化。

儿童有自己特有的推理

孩子碰了一下含羞草,但没看到收缩叶子,孩子自言自语:妈妈说你会害羞的呢,昨天你也害羞了,叶子收起来了,今天怎么不收起来了呢?然后又恍然大悟地说:“对了,你已经认识我了,所以你不害羞了,对吗?”

对于以上一些儿童表现状态,我们怎么来对待呢?以儿童的发展为中心。

很多家庭在这时候,没有真正做到以儿童为中心。他们不能遵循儿童的成长规律，不能尊重儿童的兴趣爱好；总有拔苗助长的短视行为，给儿童建构一些虚伪的蓝图、空洞的理想；或者推卸责任不顾不管……

以儿童为中心，用儿童发展的视角、高度去看待儿童上述的五种状态。首先是觉察，不要以为所有的都是心理现象；有些可能不是真问题，暂时不要打击；能回答的，就启发孩子回答；不能回答就一起寻找；有些问题可能没有答案，那就让这些问题成为儿童发现的秘密吧！相信这样的陪伴，就是在告诉孩子：你是蜗牛，我是蜗牛爸爸(妈妈)，我们一起前行！

“哪壶先开，提哪壶！”
——试谈小学阶段孩子家庭教育的陪伴

每个人都希望被肯定，因为能被肯定是每个人都具有的心理需求。从年龄阶段来看，小学生更为强烈。父母一旦能真心肯定孩子，并且能被孩子明确地感受到，小学生就会激发出巨大的正能量，甚至出乎我们的预料。

“被肯定，明白被肯定”是“成长的蛋白质”

每个人的成长，都需要成长的必要元素。其中，“被肯定”是孩子心灵成长的蛋白质，如果严重缺乏，就会造成孩子自我价值感的缺失和智慧的贫乏。当然，肯定的方法也多种多样，值得注意的是“越具体越有效”。总的来说，父母陪伴小学阶段的孩子，要慎用“比”，多用眼神、大拇指，和精准具体的肯定描述。

“哪壶先开，提哪壶！”是“成长激励元素”

虽然人们常说“失败，是成功之母”，但事实上更多的时候是“成功，是成功之母”。在小学阶段，如果小学生能够在某些方面被发现是优秀的，并且受到了老师、同学和家长的支持和羡慕，那他在这方面的努力会比之前加倍，更容易获得比较好的发展。所以如果小学生在哪个方面有比较好的苗头，可以很认真地支持和肯定，一定会有比较好的后续发展,也能帮助孩子建立自信心。

“重中之重,身先示范”是“成长的范本”

对小学生来说,榜样的力量是最无穷的。这个阶段,家庭教育的重中之重,是教孩子学习做人。率先垂范,家长以孩子发展为本,感染善良和有爱的心灵;播下责任的种子;理解价值与培植自信,养成良好的习惯,遵守社会规范。家长在小学阶段的孩子陪伴中,“范本”的责任非常重大。

用苏霍姆林斯基的一段话,来说明家校合作的重要性:学校和家庭,两个教育者不仅要一致行动,要向孩子提出同样的要求,而且要志同道合,抱着一致的信念,始终同一原则出发,无论在教育的目的上、过程上、手段上,都不要发生分歧。

“说好不掐架的呢？”
——试谈中学生家庭教育的陪伴

丁丁妈妈又来电话了，电话里那个闹啊！不用说，母子俩又掐起架来！可是，说好的不掐架的呢？

丁丁是个初中二年级男孩子，初出茅庐，青春期可能有的状况他都有！用他妈妈的话来说：“顶嘴，做事没头脑还要充老大，说了不听……简直无法无天了！”很明显，丁丁是青春期的矛盾集中于一身，妈妈又脾气糙。在家矛盾一个接一个，之前来咨询过。明白青春期孩子的子丑寅卯后，妈妈明白丁丁和青春期所有孩子一样，拥有青春期的所有特征。妈妈也觉察自己需要改变，学习先调整情绪，再处理问题，还特别说好“不和孩子掐架”！

上述是青春期孩子家庭教育的常见情况。往往许多家长和丁丁妈一样，懂，也去努力做。可就是做不到“不和孩子掐架”。那怎么才能和“可爱可恨可气”的中学生“友好相处悉心陪伴”呢？——懂她(他)，同时记得并理解几个关键词：活跃、高涨、低落、反抗、依赖、掩饰。

活跃

青少年时期，个体的中枢神经系统处于过分活跃状态，导致对周围的各种刺激过于敏感，反应更强烈。随着独立意识的增强和自我意识的增强，他们希望能够自己把握未来，自己决定人生，希望成人承认他们的独立人格，给予他们充分的自主权。

高涨

自我意识高涨。青少年时期是自我意识发生突变的时期，被称为自我的第二次诞生。自我发现的时候，由于生理的巨大变化，认知能力的提高，孩子们将注意力从外界转向自己，开始关心一系列有关“我”的问题，例如我是什么样的人，别人怎么看待我……这些自我意识的高涨，使得他们更容易沉浸在个人的世界中。

低落

中学生们有时情绪高涨，热情洋溢，有时又会莫名的伤感，情绪低落。一旦遇到挫折或者对抗，很容易过分夸大自己的感受和体验，一种不恰当的情绪发泄出来。他们在此时比任何时候都需要得到理解和支持，但又常常觉得父母对自己和他人不理解，自己在紧张的学业中常感到没有朋友孤独寂寞，同时他们又把自己严密地包裹起来，以免受到外界干扰，也不会主动去同父母沟通。

反抗

初高中青少年，产生了强烈的独立意识，他们力图从各方面否定自己的童年，希望以全新的姿态出现于日常生活中。于是从衣食住行到为人处事，他们都有了自己的主见，对父母老师及其他成人不同意见有了强烈的抵触情绪，特别是父母。

依赖

由于身体认知等方面的局限性,青少年在许多方面离不开父母,在处理某些事情时还必须依赖父母,尤其是遇到挫折的时候。这就导致青少年在心理上出现反抗的同时,仍然有依赖。

掩饰

有时孩子只是为了掩饰自己的软弱,因为在他们内心并没有完全摆脱对父母的依赖,他们内心对自己的童年还能有几分眷恋。尤其是遇到挫折时,他们更是希望父母相信的时候,应给予精神上的理解支持与保护。

哲学家弗洛姆的一句话值得中学生家长们咀嚼和体味:"教育的对立面是操纵,它出于对孩子之潜能的生长缺乏信心,认为只有成年人去指导孩子该做哪些事,不该做哪些事,孩子才会获得正常的发展,然而这样的操作是错误的。"所以,还是那句话——中学生家庭教育的陪伴,是在理解和懂得孩子们的同时,修身养性,实现"说好不和孩子们掐架"的高质量教育陪伴!

“正”
——家庭教育指导工作之魂

对于我来说,每一次的培训生活,是学习,是集训,是洗礼!有悉心的聆听,有静心的思考,有热烈的讨论。也有沉重的叩问!还会收获对家庭教育指导工作认识和实践的梳理。以上种种,融进之前的记录里,这则文字记录的是儿童教育教授带给我的学习感受:做家庭教育指导工作,“正”字在心!这是家庭教育指导工作之魂!

“正”是炙热的感情,一种对家庭教育指导的倾情

前辈们几十年如一日地为家庭教育指导工作呕心沥血,却又那么朴实无华!我认真阅读完三遍赵石屏教授的《做一个懂家教的好家长》;赵忠心教授的《家庭教育学》,之前认真拜读过,把书作为工作教材之一,感觉其重要性可见一斑,不时翻阅,仍感到滋养……读书,听讲,感受到教授们书籍的文字间、平实的话语里、闪烁的目光中,无不透露着他们对家庭教育指导倾情的热爱!

“正”是满满的真心,一颗对家庭教育指导的真心

教授们博古通今,融东贯西,汇聚到一个中心,我们如今的中国家庭教育指导工作应该如何来做,明明感受到的是真“正”的中国心。至少阅读有两个课程是中国传统家庭文化,其中齐鲁之地的家庭教育经验和理论,在中国就具有全局性的价值。这是因为中国家庭教育文化的源头就在齐鲁大地,它奠定了中国家庭教育思想理论发展的基础。

“正”是踏实的践行,让家教指导者们携手并肩同行

鲁迅先生早在1933年《我们怎样教育儿童的?》一文中,就曾提到传统家训教化的价值:“倘有人作一部历史,将中国历代教育儿童的方法,用书,作一个明确的记录,给人明白我们的古人以至我们,是怎样的被熏陶下来的,则其功德,当不在禹下。”

借鉴这段话的启示:从这次国家教育行政学院和人社部组织的“第一期全国家庭教育指导师资高级培训班”开启,将有一批同行者,一批有志于家庭教育指导工作的同行者,让基层的家庭教育指导工作,脚踏实地地前行。从这个意义上说,家庭教育指导工作,不仅仅在当下,乃是关乎未来之大事!很幸运,我是其中一员。“正”在吾心,路漫漫其修远兮,吾将上下而求索!

中篇：家有『懂事长』

张家港市家庭教育服务中心　徐彩萍

只听解释，不说话

一天晚上，发生了一件事。

因为天气冷，孩子们都有点小感冒，晚饭后就一起去理发店洗头发。小贝头发短，最早洗完，调皮，只穿了毛衣就玩。在里面还好，一会儿，就走出洗发店去玩，姐姐洗完了去找小贝。

小贝看到姐姐来找，就和姐姐躲猫猫。姐姐在停车场找不到妹妹，着急地喊妹妹名字。边上就是自行车道，行人，再外面就是汽车道。终于在自己家的汽车边上找到嘻嘻笑的小贝。姐姐担心小贝，很认真地批评她。小贝大哭，回过来找我。我当时正好在结账，看见两个孩子一个哭喊一个冒火从外面进来。简单听了听她俩的话，好像都各自很有道理。

听完两个孩子的解释，我什么话也没说，穿上外套就往外走，两个孩子也一声不吭跟着，开车一路没有说话。回到家，在地下车库停好车，我对孩子们说：“你们两个一起先上去，妈妈小区跑道上走一圈就回家。”两个人应了一下就一起回家了。

我走了一圈，回到家，发现姐姐抱着小贝在沙发上一起看手机里的视频，还嘻嘻哈哈的……

睡前，个人卫生搞好，和小贝讲完故事，问小贝：“刚才妈妈在理发店里一声不吭就走了，你跟着的时候为啥就不哭了？”

小的说：“妈妈生小贝气了，小贝错了，不该自己跑出去，回来了姐姐也说我了。”

“好的，你明白就好了。以后跟大人出去，不管白天和晚上，都不能乱跑，不安全，而且大人也会很担心……”我说完，和小贝抱一抱，互道晚安，自己去房间休息了。

走到姐姐的房间：“小宝，要妈妈陪会儿吗？”

“好的，妈妈。我知道你要来和我说话的，所以我没有把门关紧，就是在等你！”

“哦，有啥想和妈妈说？”

“我在理发店门口对小贝那么凶，可是回来后，小贝还一个劲地姐姐姐叫，我心里很难过，觉得我对小贝的态度真的不好！可是当时我很担心她着凉或者万一出事……”说着眼睛就红了。

我只是认真听了，发现不用我说啥了！

再后来我就和姐姐探讨了一下其他的话题，比如“动手做包子”和“读一些书”，这两者各自的用处和之间的链接……

孩子们各自表达自己的看法，有相左的矛盾和不相容的情绪都很正常。只听解释，不说话，淡定地给孩子们自己处理问题的空间，也是妈妈要提升的修养。

“士兵突击式”的批评很有效

小贝的爸爸很爱小贝；

小贝也很爱爸爸，也怕爸爸；

小贝的爸爸是小贝眼里最具有威信的人；

小贝的爸爸平时工作很忙……

所以，爸爸对小贝的关心和指导往往是“士兵突击式”的，但总是那么又“狠”又“准”！

近几天小贝在家很有些吵闹，奶奶说了她还不改，我说了好一点，一会儿又忘记了……晚上，小贝的姑姑来家里玩，就问小贝在幼儿园学了什么呀？唱个儿歌给姑姑听听。小贝呢，也还算大方，唱起了一支儿童歌曲《两只小象》，还不错。可是那声音实在是太轻了，和平时小贝在家吵闹的声音相比，实在是太轻太轻了。

小贝爸爸问：“今天幼儿园里教了些啥呢？说说吧！”

小贝不说话，眼泪吧嗒吧嗒掉下来！小贝爸爸立马火了：“怎么了，说话！哭什么？”小贝带着哭腔唔哩唔哩说着，我在离她远些的地方，就一点也听不清楚。

“重新说，口齿清楚说完整，爸爸妈妈都教过你！刚才家里那么闹腾的声音那么大的嗓门到哪里去了？现在应该大声说话却呜呜讲不清，重新说……”

“呜呜——今天我在幼儿园的娃娃区学习做饭了，老师还给我们讲不要在桥上拥挤,还让回家后让爸爸妈妈带我学安全知识!回来妈妈也带我学习了《公共场合我不挤》……”

“讲得很好。可是刚才为什么不好好说?”

小贝直愣愣不说话……

“咦?回答呀!……”

我估计小贝在想怎么回答……

“是不会说?”——小贝摇头。

“是不想说?”——小贝摇头。

“那是为什么?”——小贝说:“是不敢,生怕说错了。”

“说错有什么关系呢?错了可以改正,我们不怕错……”爸爸把小贝抱起来,让她坐在他膝盖上。

我在一旁不说话,认真听着……

和孩子说话，和大人说话，是一样的,7%是内容,35%是态度，余下58%是身体语言。怎样和孩子说话最有效果,需要琢磨。顽皮是天性,但怎样的习惯,才是孩子应该养成的习惯?有可以服贴的人,有孩子觉得安心的拥抱,有具体的方法让孩子知道怎样的方向……琢磨着吧……

小贝爸爸的“士兵突击式”指导很有用。今天的状态,也让我想起了小宝小时候爸爸的“士兵突击式”,也很有效,但与现在有些不同,因为毕竟是两个不同的孩子!这,是我作为妈妈所不能替代的“爸爸式”的、“士兵突击式”的“教”和“育”。

妈妈是“没有怨言”的代名词

和好友通电话，谈起跟孩子之间的沟通，她说起最近和孩子之间的一些情况。交谈中我知道她为了孩子，改变了自己很多方面。交谈中，说到一个细节。孩子在她发火的时候说：“妈妈，你怎么总是要生气？怎么又生气了……”朋友和我的解释是：“我当然生气啦！我为女儿改变了这么多，孩子都没看见，心里很委屈，难道生气不应该吗？”

我就这么安静地听着。不过后来，我也跟她说了一个我当妈妈的感受，就是“妈妈”的素养中，有一项，在孩子们面前没有委屈，“妈妈”是没有委屈的代名词，如果有这样的心境，就会豁然了，就会通达了，就会根据孩子的话反思自己的行为并修正，并在引导孩子自己的反思。在孩子未成年时，特别是孩子青春期时，妈妈有这样的心境尤为重要。

关键词：不委屈！

妈妈的基本心理素质：不委屈。一个妈妈如果心里有委屈，不管多么操劳持家，聪明能干，也难以营造温馨和睦、轻松愉快的家庭气氛，也难以有耐心对待孩子。因为妈妈心中的委屈会像低沉萧条的音乐，时时作为背景跑出来，弥漫在家庭中，缠绕在孩子身上，将自己和孩子、家人笼罩在不快乐的灰雾中。

“妈妈”是“没有委屈”的代名词，很重要！拥有这样的素养，不容易！但是一旦拥有，幸福永久！

甜酒酿水潽鸡蛋

最近吃了两次同一种食物，叫甜酒酿水潽鸡蛋。这应该是我深爱的一种美食。

对于甜酒酿，有件很难为情的事。5岁时的冬天，家里人找不到我了，过了很久，发现我因为多吃了点甜酒酿，在自家的甜酒酿缸边上，钻在酿甜酒酿用的被子和棉衣中呼呼大睡。这个细节成了后来我为学生编的一个舞蹈《甜醉》的素材来源。

水潽鸡蛋，我觉得是世上最美的食物烧煮过程了。就着煮开的水，把鸡蛋敲开，透明的蛋白，金色的蛋黄，扑入水中瞬间就变成了一种互相拥抱着的尤物，大大小小或少许碎碎的蛋白丝在水中飞舞……煞是好看！

在煮到不老也不能太嫩的时候盛出来，加两勺甜酒酿和两勺酒酿汁，在你用勺子把酒酿分成碎碎的当间，整碗美食的温度、甜度于我来讲，正好到极致，缓缓送入口中，这浓香，这滋味，啧啧……隽永绵长……

我应该也算是个吃货。我还在想着为啥最近我对这样的美食会馋？今晚我找到了答案！源于美食有故事和记忆！

最近总和大女儿讲起食物，她还说了自己最近吃的东西，而且都有原因，我也把我想吃的东西和她说了。于是说词中就有了思念。试想，如果有一种美食，含着有趣的故事，令人难忘，往往这美食会变成一种人生有价值的记忆，这种美食怎能不让人思念呢？

酿甜酒酿，是老家爷爷奶奶在世时的过年必做的大事，过年才能吃上。小时爸爸妈妈也做过。也许无形中，成就了我的美食记忆。

现在不同，想吃啥时候都可以有。也许正因为这样，我没有能传承家中的酿甜酒酿的手艺。可是我不得不考虑我的孩子们未来的美食记忆来源于什么呢？

大娃儿说记得妈妈的“小青菜面老鼠”，小娃儿我暂时不问，嘿嘿，不过她一定也会有爱的美食，而且我还相信爱美食的孩子一定爱生活。我也爱美食，我也爱生活！

没有"但是"的爱

大孩子开学了,自己在学校度过了第四天。下课后,她打来电话,想自己再增加一个项目的内容去学习。她现在有两种不同的项目供自己选择,想明天都去考察一下。她有些难过的是在把这些想法和打算与同学交流的时候,同学并不支持她,或者说没有人愿意和她同行,甚至她还怀疑有人笑话她的这个想法。

我先听她的叙述,肯定了她爱学习的品质。没有对她所说的和同学之间的状态说自己的意见和感受。但是她追问了我应该怎么办?我只提两个问题:一是,你是否做好了多方面充分的考虑,为自己增加学习内容做好了准备,比如时间,比如坚持?二是,今天所感受到的同学对你的态度,有没有很严重地影响你自己的学习决定?最后我说的是,相信你自己有能力去考虑周到,无论啥决定,爸爸妈妈都会支持的。

今天和大娃儿交流,感觉自己有进步:没有用"但是",就是肯定了该肯定的。至于孩子需要求助的,给予点思考的方向即可。晚上和她留了言:我们不用对别人的语言和行为承担责任,但对如何看待他们,却负有责任!这种责任与别人无关,对自己很重要,是对自己负责的底线。

每天和孩子们在一起,接触到的都是爱、纯真和美这些品质,而如果没有一条坚持的底线,这些相遇一个也不会有价值。所以,底线是什么?是需要孩子们自己去思考的,思考无法替代。此时我想的是,谁都需要没有"但是"的爱!这是否应该成为一句格言?

卖“开心 卖“难过”

听好多年轻的家长说，孩子们在睡前都喜欢“折腾”父母。究其原因，是因为孩子们能感受到，晚上爸爸妈妈总想早点摆脱他们。爸爸妈妈整天忙碌，都很向往，晚上有一段安静的时光。可是孩子们不会理解，他们的感受是，一天了，好不容易看到爸爸妈妈回来，总会想黏着你，想多待一些时间不肯离开。

其实当孩子觉察到你急急忙忙想摆脱他们时，他们会觉得归属感受到了挫折，然后他们就会通过要求喝水呀、上厕所，甚至来敲敲你的门，哭啊，说自己害怕等。用这种“折腾”的方式来表达他们和父母在一起很享受。我常建议父母不妨用一点时间和孩子在一起，分享一些事情，让孩子能够体验到归属感，而不再做出不良行为去引起父母的注意。

我们家孩子睡前也会有这样的状态。我会和她们做非常有趣的小活动：“娃儿，今天妈妈来和你玩卖东西的游戏，卖‘开心’和卖‘难过’……”于是就跟娃儿分享了一天中，她最开心和最难过的事。我很认真地听了，并对她的难过提出建议。我也很享受这样的时光，当然“卖开心和卖难过”都属于“分享”，意味着父母也要说出自己一天中最开心和最难过的事，我们要先听孩子说，然后再父母说。

把“卖开心卖难过”作为分享，作为睡前的最后一件事情是非常有效的。对孩子们来说，有人愿意花时间听他们倾诉，与他们分享自己的事情，就会产生一种归属感安全感。这通常就足以让孩子满足地入睡。我刚和孩子们“卖完开心和难过”，你们呢？

敲敲“西瓜门”

小宝说：“妈妈，知道怎么挑西瓜么？”

“嗯，你有好方法？说来听听。”

“你只要敲敲西瓜，笃、笃、笃，三下，西瓜虫就会在里面问，是谁呀？也许还会给你打开西瓜门。”

“哈哈哈……这是真的么？”

“真的，是真的！哈哈哈，网上就有这么个段子的呀！难道敲了西瓜一定是咚咚咚的回声才是正确的么？”

“嗯，那倒也是！”

正好有时间，小宝主动和我聊起“道德绑架”。小宝说阅读过相关“道德绑架”的文章，生活中很多人以道德的名义，利用过高的甚至不切实际的标准要求、胁迫或攻击别人并左右其行为。

其实说到这个主题，我觉得是否小宝遇到了些什么或者有什么想法了？接下来说的我就明白了。她想告诉我的是，因为我突然身体有情况，左腿骨折，上周全家人都围着我转，这周情况好转，所以她不想这事继续影响她对自己的安排，比如锻炼，比如练琴，比如有自己休息的时间。她心里很难受，假如这个想法，或者就这样做出来行动，也许会遭受“道德绑架”，觉得是“不孝”。但心里没有这样的不孝，心里是很爱妈妈的……

叙述中，我明白了。小宝看到妈妈有自己的锻炼和乐观的努力，爸爸有自己的工作，奶奶和妹妹相对照顾我的时间可以多一些！她想本周起调整自己的时间安排。

我很支持小宝的想法，也告诉他，爸爸一定也会和妈妈一样很支持她即将的行动。因为，在爸爸妈妈心里，没有什么比支持孩子在突然的环境中适应并调整自己更重要！并且我们为小宝有这样的认识而高兴。也许我们能给她的不是她所最需要的最好的东西，但我们会尽我所能！

因为，敲个西瓜门，笃、笃、笃，也许有个西瓜精灵会回应：“谁呀？谁在敲我的西瓜门？”

两小碗米饭

今天中午小贝第一次吃了两小碗米饭，而且吃得那么认真，那么香，一粒饭米儿都没剩。

饭吃得那么香，是有原因的。一早起床，和小贝 7:40 出发到乡下去。难得今日休息一天，考虑快到暑假了，假期里孩子们可能偶尔会到乡下住几天，整理一下！一到乡下就开始安排，我没有当小贝是小孩儿，和她说：“今天我和小贝一起来乡下，是想把老房子整理一下，妈妈要做好多事，小贝可愿意帮妈妈做事？因为如果妈妈一个人做的话，会好久才能完成，如果有小贝帮助的话，速度会更快一些！”

小贝立马就说：“我可以帮忙吗？我已经大了，我可以做事了！”

于是我们就一起整理房子。

我把楼上楼下 8 间屋子拖洗干净！小贝也随着我楼上楼下将 8 间屋子里的桌子、椅子、凳子以及床头柜、电视柜台面……能够得着的地方都擦了一遍。

我诧异于小孩子的坚持！特别是桌子上有摆放的东西，她也能够遵循我教她的方法，按顺序擦，看湿布擦过面上所有的地方，就是都擦到了；先把桌面或者柜面空的地方擦干净，然后再把物品搬到擦过的一边，这样也能把物品原来放置的位置擦干净；够不着的地方，自己去找小凳子，站上小凳子再擦……

不论她擦得是否干净，至少已经把灰尘擦拭了一些，这已经是附带的效果了。原来开始只是想让她一起做家务,体验一下做家务的感觉,不想还真坚持下来!忍不住地赞扬她,她越擦越有精神!全部完成后,发现小贝已经很累了。我抱着小贝问她是不是累了,她说:"累的,可是我以后还会帮妈妈做事的!"很有些感动,甚至很感激!一个四五岁的娃儿能有这样状态。孩子的奶奶起先是舍不得让孩子做这些事,看到这样也赞赏孩子了。中午吃饭,小贝不需要督促,不需要提醒,吃了两小碗饭,连一粒饭米儿都没留。

舍得孩子从小学习做家务!及时感谢孩子为家庭做的努力!收获的将不仅仅是家务的完成,还有更多更重要的东西值得孩子和父母去体会、去咀嚼!

能确定的和不能确定的

昨天放晚学的时候，小贝对我说：妈妈，我们找一个超市去买一点东西吧。我很奇怪，怎么今天放晚学不着急回家，而是要想去超市呢？

“小贝是想买什么东西呢？”

“妈妈，就是去看看……”

“妈妈的建议是现在不去超市。”

“去嘛去嘛……妈妈，我求你了！”

“不用求的，告诉妈妈你想去买什么？”

支支吾吾好长时间，后来据她说，她的陀螺丢了，抽陀螺的小鞭子也不见了，想再去买一个。我没有同意，因为一方面她有好多的玩具，另一方面玩具的整理和放置还不够有序，这样就容易找不到玩具，估计并没有丢，还是在她自己的房间里。我坚持不去超市，小贝就开始哭起来。

“唔唔唔”地进了汽车坐上椅子，小贝还在哭。我抱了抱她轻声和她说话：“小贝，妈妈知道你可能是找不到陀螺，很难过；也有可能是其他的原因哭。不过妈妈相信你能调整好的。你的陀螺暂时找不到并不说明是丢了，假如丢了也不一定非要今天买到……”

小贝继续哭。

我把汽车发动了，我转过身：“小贝，你实在难过那你就哭一会儿，等下把眼泪擦干喔！妈妈知道小贝能想通的，还会让自己不再难过的。

小贝懂事的。现在妈妈要开车了喔！”

“唔唔唔……”小贝边哭边点头，我仍然笑着看看她，再转头出发。

才过了一会儿，小贝不哭了，又开始开开心心和我说话了！我把刚才发生的事情讲述给小贝听，并告诉她，看到小贝自己不哭了，慢慢自己把眼泪管好了！觉得小贝真能干！对比一下现在的开心和之前的掉泪，小贝当然是选择开心，相信没有啥大不了的事……

今天我下班回家了，小贝从幼儿园回来了。前几天说好，得空带她去梁丰生态园玩沙。在沙滩边的沙具和玩具店的外面，也有些类似昨天的小情绪，抱着她，用和昨天一样的方法处理！比起昨天的状态，调节得快多了。有进步！

这些算是个小小的情绪挫折吧，帮着孩子处理情绪，有一些确定和不能确定的因素。

我不能确定的是小贝哭的真正原因，但能确定的是能轻声和她说话并鼓励她自己调节情绪。相信孩子具备解决问题，管理好情绪的潜力，不要一味主观认为孩子太小，任何事情对她们来说都很困难。让孩子自己解决困难时要和她站在一起，孩子才能有安全感。对于小小孩，抱一抱也表示是和她站在一起，只是和她有不同意见。关注孩子的行动，并在孩子实在完成不了时去给予帮助。最后要在这个过程当中总结孩子面对挫折的能力，一步一步帮孩子建立管理情绪的自信心。

“遛小孩”和“遛妈妈”

晚饭后拉着小贝去散步，看到小区里有邻居牵着小狗散步。我对小贝说：“楼上阿姨又去遛狗了……”我突然发现接下来很想说一句话，但没说出来：我在遛小孩。

“小贝，咱们去小区外河边的景观带散散步，锻炼锻炼。妈妈要消消食减减肥呢！”“好的妈妈，你要锻炼减肥，变成瘦妈妈吗？”“对！”可是后来真是懊悔说这句话。

走了一会儿小贝就要抱，美其名曰：“妈妈抱我就是锻炼，就会瘦的！”又走了一会儿，小贝说要妈妈背着，“妈妈背背小贝，就是锻炼，就会瘦的！”

小贝在我背上哼哼唱唱，我想她一定是开心快乐的！

回到小区，走进单元门，准备去摁电梯，小贝发话：“妈妈你不能乘电梯，你要走楼梯！走楼梯就是锻炼，锻炼成瘦妈妈……”

晚上睡前，和小宝视频，告诉她遛狗和遛小孩的事！问她：“元芳，此事你怎么看？”

“不错呀！小贝做得很好呀！哈哈哈……”

“妈妈，你不是说有时需要化化淡妆嘛，我今天帮你买了一个粉底小样……”

果然都是我亲生的，一个样！

那就继续被娃儿们“遛”呗！嘿嘿，我喜欢！这种喜欢就像小贝在我背上哼着歌的那种欢喜！然而这样的欢喜，却突然地，在现在记录文字的时候，不觉让我眼眶湿润。因为，幸福溢满眼眶！

位 置

上周双休日小宝回来休息，我出差不在家。如果在两年前，她会很认真“发脾气”，说妈妈不重视她。但是她现在不再这样了，知道妈妈的生活里，她很重要，家里其他人也一样重要，妈妈的工作也很重要；也知道家里除了妈妈，还有爸爸、奶奶、小贝……他们也和妈妈一样重要。这个认识的转变，是每个孩子必经的成长环节：从“只有自己最重要”到“大家都重要”的认识。

这个认识之前还有一个必须经历的阶段，是让她自己先明白“自己很重要”：自己认识到自己的重要；在爸爸妈妈家人眼里很重要……

拿上周末的事来说，小宝知道我不能在家陪她了，虽然她有些遗憾，但是仍开开心心从学校回来，和爸爸一起带着小贝去看外公外婆，和外公外婆说话聊天；帮着奶奶一起带好小贝；还安慰我放心，反正下一周就是五一假期，就能看到妈妈了。这说明她找到了自己在家的重要位置。

在学校，无论有怎样的学业安排、活动组织、生活变化，她都和其他学生一样，在努力找到自己的价值，自己在学校的重要位置，在未来社会可能所在的重要位置。

妈妈不在家的双休日，小宝在进一步懂得发现幸福的含义。小宝是有经历的孩子，经历的不是吃得有多好，穿得有多好，玩得有多好，而是在年少时就经历到少有的挫折、生命的磨难。顺利地度过风雨的经历，也是丰富生活的一部分，重要的部分！生活的经历，让我们和孩子们明白，平安平凡平常的生活，就是幸福的源泉。

有种幸福，是经历风雨无数。“幸福”和“经历风雨无数”一定是等同的么？那得看经历风雨的人，和理解无数风雨的角度了！理解风雨的方向盘，最初的舵手是父母。站准舵手的位置，是父母经常的功课！

读书的“问”与“不问”

读书中的“问”

今晚，给小贝读她自己去书架上选的书《东郭先生和狼》《女娲补天》，这两本故事书已经讲过的，今天选来，我们没有从头到尾和之前一样读，而是读读停停，问问答答，觉得孩子逐渐在懂得一层进一层的含义！东郭先生的迂腐、愚蠢，老农的理智，女娲的勇敢善良……通过又一遍的阅读，小娃儿也能说出个子丑寅卯来。小娃儿读书启蒙，读书百遍，其义自见。其义，其实不能真的自现，需要在读书的百遍中带着娃儿们从中去问，思，答……

读书中的“不问”

睡前与小宝视频，小宝还没休息，在做《教育学》的作业。学习这门功课是否有困难，答曰：还好！“还好”的意思也许就是小宝能学懂读懂，不需要他人帮助能行。小宝是进入自主自助读书的状态了，不易。想起2011年陪她在艰难的时候，生病刚在康复，她读过的两本书《蓝色海豚音》《一只猪在普罗旺斯》，前者是面对一切困难调整到最好状态，后者是从吃开始热爱生活。在孩子遇到的境遇，无法用更多方法面对的时候，我选择读书，只读，不问，只悟，不答。

无论读书中的问与不问，都是有益处的，都可推动我们和孩子们一起，踏上一个个坚实的成长阶梯。她再一次，而且一次又一次地体验、感受到“读”的力量！坚实的“朗读”的力量！

钱包事件

“妈妈,我到上海了,放心!现在去学校!”

“好的,嗯。听声音你好像已经上了去学校的公交车?”

“嗯,是的妈妈,嗯……”

“怎么了,是不是有什么事情啊?”

“嗨,还是和你说了吧!哈哈哈,妈妈,我钱包没带,在昨天背的小包包里,忘了整理出来了,身份证、银行卡、交通卡都在里面……不过没关系,妈妈你别担心,我带手机的……我在火车站买了一杯奶茶,7块钱,我微信支付的,付了10块钱,让店主给了我3枚硬币,现在已经在公交车了……妈妈你别担心啊!哈哈哈……我到了学校转点钱给同学换现金没问题的,反正我下周要回来的……”

“哦……”我一阵发愣,确切地说是我还没有来得及担心,她已经有解决的办法而且也做得很好。

一个电话,没几分钟,却分秒把我的思绪拉到小宝刚出去独自处理问题时,电话打来哭诉的状态和刚才电话的状态联系起来,这可是个飞跃。而这个飞跃,过程得是一两年。开始安慰自己,娃儿会慢慢飞的,果然是正确的。

等待和陪伴娃儿们慢慢飞,可是做父母的最美时光?应该是的。慢慢中,娃儿有碰壁,有委屈,我们安慰,她擦擦眼泪再去尝试,有很多次的泪水,才能变成笑声!慢慢中,娃儿们自己走稳脚下的路,继续前行……

嘿嘿,今天娃儿忘了带钱包……

“甜苦头”

这是本学期第一次上舞蹈课，可能是因为晚上没有休息好，也许还没有进入状态等原因，小贝就是不愿意换舞蹈服。上课前到达舞蹈教室，带她坐在教室前面的椅子上，无论怎么和她说，都不愿意换衣服，但是愿意在教室前面坐一下，“愿意看一会儿”。这可是已经上到第三期的舞蹈课的第一节，以前都是她催着换舞蹈服，冲到舞蹈教室的。但是今天的小贝有新动向了。我不生气，抱着她，坚持等一下……

小贝以前在家常常愿意做练习的，翻跟头、弯腰、一字……都没有见过她有今天这样的状态。5 分钟过去了，老师也在帮助小朋友们练习的间隙捎上一句话，希望小贝来到小朋友们中间。“小贝现在不愿意练习，除了愿意看，还想做啥呢？”“妈妈，我想去玩沙……”原来是这样。我苦口婆心劝了这么长时间，都没有觉察她的确刚才来上舞蹈课之前就说：“妈妈，我想玩沙盘。”可是我当时一看时间，“舞蹈课的时间到了”。我并没有跟她多说话，现在想来她所有的不愿意，缘由是她还想着玩沙盘。

“小贝，沙盘不会自已走掉的，我们空了再玩。但是舞蹈课时间一分一秒过去了。你是不是觉得苦才不想练？是小贝吃不了苦头吗？”

不说话。咬嘴唇。低头。

“想要跳出好看的舞蹈，不可能天生就会的，一定是经过练习的，吃过苦头，才知道什么是甜的味道。”

不说话。咬嘴唇。眼睛抬起了看着在练习中的孩子们。

"小贝,妈妈帮你换衣服好吗？"

不说话。轻轻点点头。

"妈妈,我吃得了苦头的,我和小朋友们一起练习！但是下课了陪我玩沙盘好吗？"

"好的。"

在这个班中,她还是最小,但是好多动作已经能够跟上,老师为了鼓励她,还让她做示范——课结束,老师还说这节课小贝真认真——换衣服的时候,我对小贝说,小贝这个组合学得真好,回家教妈妈吧！应该是因为得到鼓励的开心——走出舞蹈教室去食堂打饭,小贝主动喊阿姨、阿婆……当然获得的是甜甜的赞扬。

午饭的时候,小贝说:"妈妈,今天好幸运呀,好多人夸我呀！"

"这可不是幸运，选为做示范的小朋友，是我们小贝今天努力了呢。妈妈看到你的脚尖绷得紧紧的,个儿好像也长高了,累的时候你还坚持着,吃点苦头才能获得开心呀！阿姨、阿婆肯定你是个懂事的小孩子,是小贝有礼貌,主动和她们打招呼呢！"我说。

"哦,妈妈,今天吃的是甜苦头吗？"

我一时语拙,愣了一下,吱了声"嗯"。不必再和她探讨"甜苦头"是啥东西,只有让她和今天一样尝到了才更明白吧。

午饭后,我陪她玩沙盘游戏。我庆幸在她不愿意换舞蹈服的时候抱着她一起在课堂里等待;我庆幸自己没有生气,耐心地了解她的想法;我庆幸今天能有很充足的时间,陪着小贝在不愿意换舞蹈服的舞蹈课上和课后一起品尝"甜苦头"。

声音旧了

睡觉前,我抱着小贝一起看书讲故事。小贝听了三个故事后,还是意犹未尽地想听。我放下故事书,让小贝躺下睡觉,她突然说:”妈妈,你讲故事声音最好听!可是小兔兔讲故事声音旧了,不好听!”

“啥意思?为啥妈妈的故事最好听?小兔兔的声音怎么旧了?”

“妈妈的声音最好听,因为妈妈总是喜欢我的。兔兔的声音旧了!不信你听。”

小贝接过小兔子故事机就摁按钮,可能小兔故事机使用的时间长了,夹杂着电流的“呲……呲……”声。

“妈妈听到了没有,声音旧了,听着不舒服!能不能给我换一个新的声音?”这个兔兔故事机陪伴了小贝三年了,有些零件估计老化了,所以有杂音了。

“ 哦,明白了!是小贝觉得这个声音不舒服吗?好的,妈妈过几天给你换一个!现在乖乖睡觉好吗?”

“好的,谢谢妈妈!欧耶!”

看着小贝迅速钻进被子才明白,在孩子的耳朵里,是容不下“旧”的声音!需要不断更新!妈妈的声音更要好好琢磨,怎么才能变成“不旧”的声音,让孩子喜欢?这并无他法,唯有永不消失的爱!

不老的传说

一个新年，每天和两个娃娃在一起。在家，或者走东走西，都能有知有觉地感受到，两个孩子在每个日子中，每件事中不同程度地懂事。也分秒能感受到自己是娃儿妈的状态，很微妙、很神奇，只是有时候太忙，家务事儿太多，来不及一一记录下来。真希望时间永远这样，孩子们慢慢长，我们永不老……

下午小贝午睡醒过来的时候，我在阳台上收晒干的衣物，不在她身边。等我整理好每个人的衣物归类放到各自的衣柜中后再去看她，只见她在爸爸怀里，哭着……

“怎么了，小贝？”

“小贝醒来的时候，看你不在身边，就哭，找妈妈。我在批评她：爸爸妈妈就在家里，自己想睡就睡，哭啥呢？都这么大了，爸爸妈妈老了不在身边怎么办？爸爸妈妈怎么能放心呢……”小贝爸爸在批评她哭时，说到了“爸爸妈妈会老”，小贝就开始哭了。

“哦，我们小贝不希望爸爸妈妈老，是吗？”我抱过小贝说。

“嗯——妈妈——上次——说——将来老了，我也哭的——”想起来了，是上次和小宝说到将来妈妈老了，小宝长大了怎么怎么的，具体说了啥我也忘记了，不过小贝在旁边听的，小宝小贝都掉金豆子的，说妈妈不要老，不会老的……

看着小贝哭着掉泪，我心里一酸，不禁也泪满眼眶：“好了好了，不老，我们都不老！小贝不哭——"我心里也在说，我不老，孩子们不要我老去……哪怕身体老去，心永不老！

记得有个少数民族有这么一个习俗，孩子出生后就某某妈某某爸，父母不再称呼原来的名字，时间久了，就只知道这是某某的爸或妈，原来的名字消失了。民间也有这样的称呼，这是一种传说，一代一代，因为传承不再老去，只有新生。

新的一年，新的每一年；新的一天，新的每一天，保持心灵不老比保持身体不老更重要！爱自己！爱孩子！爱着家！爱心灵不老的人生！

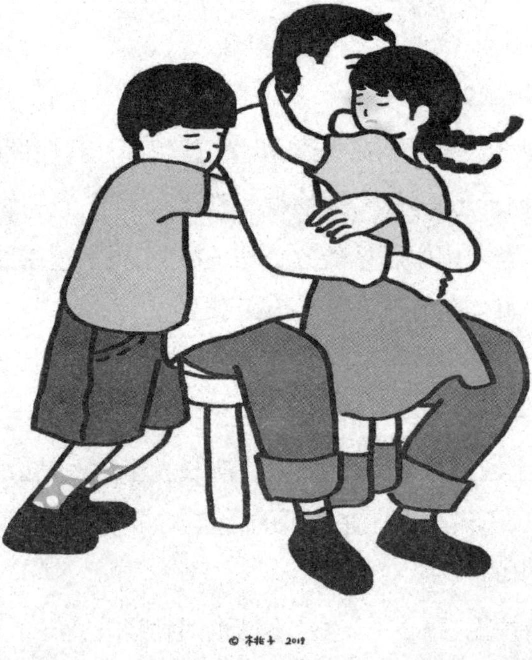

哭思赢

每个孩子都会用哭的方式表达诉求,既不能都满足,也不能都不满足。孩子哭,想要达到某种需要;其次父母要看具体情况,给予孩子合适的回应,有时要拒绝;有时要安慰,达到她部分的要求;有的可以顺意去做到。具体看待孩子的“哭思赢”的缘由。

小宝小时候会“哭思赢”,小贝也不例外,今日得空来细数几个。

表亲昵 早晨,起床,我做早饭,小贝洗漱,来厨房间小手拉着我:“妈妈,我们一起刷牙吧!”“可是妈妈已经刷过牙了哦!小贝自己去吧,妈妈得做早饭呢!”“不嘛不嘛,我就想妈妈陪我一起刷牙呀!”眼里满是泪水!不忍心!“好吧,那妈妈陪你过去,帮你挤牙膏,你自己刷,然后妈妈过来继续做早饭,好吗?”“好吧!”

表嘴馋 “妈妈,口好渴,我想吃冰激凌!”“天气凉,小贝还有点感冒,不能吃哦!是口渴吗?喝水吧!”不说话,掉“金豆”。我倒了杯水递过去,不接、不喝。“怎么了?不吃到冰激凌就难受得哭了?那就哭一下吧,但是仍然不能吃,要不然身体会不舒服的。妈妈做事去了,你好好想想吧!”过了一会儿去,看小贝没事儿了!

表央求 小娃儿眼泪盈盈,可怜兮兮地举起一个手指,说:“好妈妈再讲一个,小贝再听一个故事马上睡觉……”可事实上已经讲了约定好的3个故事。看看时间还早,就再讲一个吧……

“哭思赢”,小孩儿用“哭”的方法想要“赢得”、想要达到目的!不过不是所有的赢都能用哭的方法达到。父母要思考如何引导,小孩儿们也在琢磨,除了“哭”还可以用啥方法得赢。

方 向

小宝和爸爸坐在沙发边说话，我在旁边一边做家务，一边侧耳倾听。没能听到全部，但听到的，不仅于小宝有用，于我也是有用的。

“出去找事情做，想锻炼自己，是很好的想法。但要有吃苦的准备，一定有时候会累，有时候不顺心，有时能顺意，也许……这些都是经历，经历是可以丰富我们的人生的。爸爸希望你做事要有目标，就像你自己说的，锻炼锻炼！同时，希望你学会做事不要有目的，特别是不要有功利的目的……”

小宝刚学习自己踏入社会，每天都有些新的经历和反思。遇到以前在学校、家庭中都未曾遇到的人与事，需要有引导，我们无法具体指导细节，但怎么对人怎么对事，怎么做，在于孩子自己的想法和行动，父母要做的，就是引导方向。最近我更多是倾听，是支持，但现在的侧耳倾听到爸爸对女儿的谈话，就是方向——

“做事要有目标，不要有目的，特别不要有功利目的，多动脑反思，才能有收获，有长进……”

“感”“恩”

今天和一位好久未见的好朋友聊天,她说最近听到几位父母在抱怨,讲了两个例子:

例1.有一个六年级的孩子,妈妈楼梯上摔伤了腿,她也不去把妈妈扶起来,和同学在边上看着。爸爸叫她给妈妈送午饭,她在楼上看明星的演唱会,到了1点钟,妈妈也没吃上午饭。

例2.有个大学生,刚毕业,找不到工作,埋怨父母没有人脉,没能力给他安排好工作。

记得有一次,我和小宝也说过类似的例子讨论话题。并究其原因,有以下一些,我们一起梳理一下:

不懂感恩,其实原因是孩子没有体会到“恩”(对她、他的好),也不知道怎么去“感”(表达)。

“恩”。很多父母对孩子的爱过多,使孩子比较少、或者没有机会去尝试“爱”付出的辛劳和代价。比如说父母为了生意奔波,甚至餐风露宿,获得的财富供孩子学习、生活,并没有告诉孩子这些财富得来的艰辛,孩子也都不知道父母的用心背后的爱付出的一路汗水。父母呢总觉得自己辛苦没有关系,没有必要给孩子知道,以为这就是“大爱”,其实不然。这其实阻挡了孩子去理解“生存必须所得”的来由——“爱”,阻挡了孩子去理解“恩”。

“感”。如果上面叙述的是孩子不知道“恩”的来由，那么另一部分，“感”的表达，也是需要教的。对谁好，对怎样的人好，怎么对别人好，本身也是一种能力，也是需要从小培养的。就以上三个方面来看，其实，好多家长如果觉得孩子不懂得感恩，大有可能是因为父母在孩子的教育过程中的一种缺失的后果。

这也是父母家庭教育的观念问题，而不是“孩子们怎么了”的问题。平时在咨询或者家庭教育工作中也是会有父母提到的一些状况，有些例子比上述两例还要极端得多，甚至会打骂父母。追溯缘由，的确是教育的缺失，很令人痛心。

今天和好朋友再一次讨论了，更清晰了，“感恩”的能力，感恩的品质是要培养的，是要关注的，是家庭教育不可或缺的一部分。

领，拎，令

小宝回来过双休日。晚上，她煞有介事地对我说：“妈妈，最近我觉得你之前以及很早前和我说的一些道理，好像能一下子明白了。你当时说的时候我还跟你鹦鹉学舌‘这个道理你越早懂越好……’”

“嗯。遇到什么事，让你有这样的感慨呢？”

领 “也不一定现在说得出具体遇到啥事情，但就是觉得生活和道理在一起了。比如，感觉到必须自己学会独自安排生活，特别是学习空余时间；有了丰富的计划还要很有毅力地坚持才能真正让自己很充实……反正就是感觉，以前在你们身边有你和爸爸在‘领’着我往前走，现在慢慢靠自己领了呢！”很欣慰小宝能这么说，这是她懂了父母“领”的用心。

拎 小宝的话让我想到最近上的一堂公开课，是关于自信和自强的话题。课上孩子们对自信的表面意义理解得不错，但是对于“自信”背后是“底气”、是“扎实的基础”、是“足够的能力”，这些，感觉孩子们没有思考到。我在课堂的一刹那有些犹豫，我是“拎”一下好呢，还是算了，不“拎”了呢？还是决定拎一拎，挖一挖，引一引，因为考虑这些是六年级的孩子，拎，能带给他们认识事物表面和内在的方向。

令 做父母，做老师，最简单，最容易有效，也最容易无效的也许就是“令”了。发令给孩子怎么做就行……命令孩子要怎样做。

孩子们要的究竟是什么，领？拎？令？琢磨着去做吧！

谈 判

最近，因为天气冷热不调，小朋友们感冒发热的不少，小贝也经过了这么一轮。其间为了让小贝好起来，大人多少有些依着，不是原则问题常常啥都顺着她，有些小事还帮着她做了，所以小家伙脾气有些刁蛮，有时居然还无理取闹！这可得和她“谈判”一下了。

早晨，奶奶帮小贝把刷牙的各项准备好，水倒在小杯子里。小贝看到，哇就哭了，说“我不要这个透明的小杯子倒刷牙水，我要白色的，呜……”哭个不停！在好说歹说 10 分钟后，还是不依不饶也不说究竟要怎么办。我就发火了，拿来时钟，严肃地对她说：“原来时间的指针在 7:10 现在已经在 7:20，用十分钟的时间来哭。要是平时，你 5 分钟刷牙洗脸早就完成了，已经开始吃早饭了……”

继续哭！

继续批评！

继续哭！

拉着坐下来，准备耐心等她哭完，她居然不哭了。问：“为啥哭？”

“我想换个杯子。”

“换一下不就完了，为啥还哭？”

“奶奶不对，我要的是白色的杯子刷牙，她给拿透明的杯子刷牙！”

“你想换没问题，你自己把杯子换过来就好了，奶奶好心帮你她没有错！是你无理取闹！这里你知道错了么？”

沉默！

“知道错了没有？”

“知道错了！可是，可是我不喜欢你！”

“不喜欢妈妈？”

“不是不喜欢妈妈。我总是喜欢妈妈的，但是不喜欢妈妈发火！”

到后来，觉得这哪是我在批评她呀！简直是“谈判”。“谈判”了近十分钟，小朋友终于明白自己有想法可以说，动手做，不要动不动就哭！哭不能解决问题。也明白了奶奶爱她才为她准备牙刷杯！……有个认识层次还是进了一步的，在她说出“我总是喜欢妈妈的，但是不喜欢妈妈发火”时，我知道她明白了对于一个人和一件事的区分。也许是我也说过我永远喜欢小贝，但是不喜欢小贝无理取闹地哭的样子！

批评小孩子，以及和小孩子“谈判”是斗智斗勇的，是需要动脑的，是需要技巧的，是旨在让她有认识层次提高的，所以，“谈判”也是好事！

关照一半

大娃娃假期结束，今天一早回学校。昨晚和大娃娃谈心，说到与同学之间的关系相处话题。

大娃独自在外学习的这两年，开始是按照爸妈关照的：对待同学友好，对老师尊敬……后来她在和同学的相处中经历收获了多种状态：

一种是你对她好，她也对你好；

一种是你对她好，她漠然；

一种是你对她好，她会利用你的好心差你做事情；

一种是你对她好，她觉得你多余，以为你有啥不可告人的目的而防备你；

……

我认真地听着：“嗯。”

“妈妈，开始我很难过的，怎么我都是一样对别人好，却不一样呢？后来仔细想想小时候同学其实也有这样对我的，可是怎么感觉不一样？小时候无所谓就过去了，怎么长大些有时候就过不了这个坎了？”

“嗯，小时候遗忘得快不记在心上，长大了，也许你对别人好，总也希望别人一样的好回馈你。但是事实上随着年龄慢慢增长，每个人都有不一样的待人处事方式，遇到不同的人就有可能有不同的境遇，也很正常。而且一个人在外，或者会有孤独，这也是心里不舒服的原因吧！”

“可能吧,有时不顺心我还电话里朝你发火……”

“嗯,有时候你电话里朝着妈妈发火,其实妈妈是比平时更认真听你说的每一句话。我也在想,自己作为妈妈是否有关照不及的地方。听听想想,我的确只告诉你要对别人好,至于别人会有可能怎么对你,没有多说。也就是说,平时爸妈对你只关照了一半:友好待人。另一半:别人怎么对你,我们不知道,没法告诉你,需要自己去体验感知。再后一步,别人怎么对你,你又如何交往?那更是没有尽头的。”

抱抱我的娃!心里很舍不得孩子独自承受,但是这是必须承受的多彩求学生活中的一部分!

大娃娃说,能理解爸妈没法替代自己去与人相处!就试试坦然面对各种状况。对自己的要求是对别人好,对别人没有要求,感觉会不一样。

事实告诉我,大娃儿已经逐步把关照一半以外的东西自己在琢磨,电话里或火冒三丈,或伤心难过,甚至号啕大哭,亦或开心鼓舞的交流中,自己逐步明白该怎么做。

大娃儿返校旅程又启程;了,我目送她坐着的汽车离开站台后,在车站记录下这些。可以保证的是,如果她遇到坎儿时,爸妈不是旁观者,一定是陪伴者。相信孩子吧!就这样继续“关照一半”,另一半留着孩子自己去领悟,这是需要孩子自己完善的人生格局!

看不见

可能最近临近开学，又将要离开家独自去学校了，大娃舍不得离开家，所以每每这个阶段，总有点情绪低落。

晚饭后，因为一件很小的事情，而且现在想来，猛地还记不起是啥小事，大娃娃生气了，居然说出“你们就知道关心小贝，我的好你们都看不见”！哦，我就不再感到莫名其妙了，最近没有肯定她的好，有想法有情绪了！

“怎么了小宝，对妈妈有意见了么？说说……”

“来，坐下来，也抱一抱。哎，我们家小宝也不小了，和妈妈说说……”

一定是哪个字眼触动她了，她的眼泪就顺势一个劲儿地溜出来，稀里哗啦！

“我在变化你们看不见！”

“怎么会呢？妈妈看到的呢！变化可大呢！暑假回来和现在又不一样了……”

“没有，你们就是没看见！你们没看见我回来自己练习各种平衡；没看见我练瑜伽开始手颤抖现在能练好许多组合；没看见我给小贝画画；没看见我给小贝讲故事；没看见我陪小贝一起玩积木……没看见我在学校别人玩网游我做手工；别人出去玩，我练琴；别人没事干睡觉，我看书；别人无聊说山海经，我慢跑做瑜伽学日常自我护理……”

“妈妈,这些你和爸爸都看不见! ”

我一阵心疼,过了一会儿,我对小宝说:“我们都看见了,因为你很快适应独立生活;看见了,因为你由内而外有了非常大的变化;看见了,因为你的专业成绩是那么优秀;看见了,因为你懂事,让爸妈放心…… ”

完了,越说小宝越哭得厉害了! 似小娃娃般抱了好一会儿,呜咽着说:“可是,我总觉得你和爸爸都看不到! 你们看不到,我就觉得底气不足了,不够自信了……”

我也在想为什么小宝说我们看不见呢? 是认为她大了? 不需要太多肯定? 可是她不在身边的时候无数次对她夸赞……

是当面肯定她少了! 以为她大了,懂事了,就不需要经常告诉她的对、她的好了? 应该得改了,小宝用这样的方式表达对我们的不满。反思,我们不是“看不见”,而是以为她懂事了,就“视而不见”! 常说孩子哪怕到 80 岁,仍然是父母的孩子,这是多么重要的依恋哪!

爸妈对孩子的肯定,就是孩子的底气! 每个人都需要肯定,何况是孩子! 看得见的要表达,看不见的要用恰当的方式指出。孩子是如此,成人也是。娃娃又将出发去往新的学习征程,必须有底气,而这底气,就是肯定她的正确方向,肯定她有向上的状态,肯定她的坚持和毅力。特别是不在身边的时候,她的底气更是重要,却又是那么简单,只要爸妈“看得见”! 我可爱的大娃娃!

会说话的“西瓜球衣服”

（小贝在幼儿园的创意叠衣方式，把衣服叠成一个球，老师拍了照片发给我，成了我第一篇童话的创意灵感）

(一)

一个神奇的秘密。

冬冬告诉玲玲：“嘿，告诉你一个秘密！贝贝的西瓜球衣服会说话……”

“什么什么？贝贝的西瓜球衣服会说话啊？真的吗？骗人！”

“真的、真的，骗你是小狗。我刚才还听见西瓜球衣服和贝贝说话呢……”

“说了啥呀？”

“西瓜球衣服喊贝贝——醒醒，醒醒！真的，我都听见啦！”

幼儿园的午睡过后，吃完小点心，小朋友休息的时候，这个新闻就像爆炸一样，很快，全班小朋友都知道贝贝有件会说话的西瓜球衣服。

嘿嘿，贝贝真的有一件西瓜球衣服会说话。这是什么样的一件可爱的衣服呢？

原来呀，今天吃午饭的时候，天气特别的热，阳光火辣辣，从幼儿园窗户口涌进了好多好多的热气，让小朋友们感觉衣服都穿不住了，厚厚的棉衣，开始在小朋友身上跳舞了。贝贝也有一件红色棉衣在她身上跳舞，那扭啊扭啊扭，终于衣服跳出来了。

贝贝可不想让衣服从她身上跳下来，她可喜欢这件衣服啦！轻、软，又暖和，还是贝贝喜欢的西瓜红色；还有贝贝喜欢的小维尼熊图案；最主要的是这件衣服是贝贝爸爸买的。要不是有时候脏了需要洗，贝贝可能一个冬天都不愿意把它脱下来。

但是，这个天气真的是太热了，红棉衣实在忍不住了，一下子就从贝贝身上跳了下来，像长了脚似的，飞快地跑到了幼儿园班中的衣服篓子里。这下子贝贝傻了眼，咦，这衣服怎么回事呢？我不想脱了它，它为什么自己会跑出来的呢？说时迟那时快，贝贝像足球守门员一样扑过去，从篓子里一把抓住了那件衣服，把它给拽了出来。

(二)

“嘿嘿，这下你没处逃了吧，被我抓住了吧！”

贝贝正神气着呢，突然听到有一个声音在说：“快放开我，快放开我，我不愿意待在你身上，你太热啦！你还抓疼我啦……”

贝贝纳闷儿了！转身一看，身边没有其他小朋友呀，这是从哪里发出的声音呀！“谁？谁？你是谁？谁在说话？”

“是我，是我，我是你的红棉衣呀！”

贝贝听了，吓了一跳，赶忙放下衣服。“你，你居然会说话啊？”

“当然，我早就会说话了！只是平时我不跟你说而已！”

“是吗？”

“今天我实在——实在——太——热了，可你还舍不得脱掉衣服，我就只能自己从你身上跳出来了！你还来抓我，把我都抓疼了，就只能和你说话了！哎，你热了都不知道脱衣服，这怎么行呢？”

“可是——可是——我喜欢你呀，你是我爸爸给我买的，我可喜欢你呢！”

“喜欢我当然我也很开心呀，可是你一直穿着我，你会出很多汗，我又会出很多汗，我们两个身上都会臭臭的，会不舒服，还会生病。你忘记啦，上次在操场上运动后，老师帮忙脱了衣服，你自己没有及时穿上，就感冒咳嗽啦！我看你是懒吧，热了不愿意脱，有的时候，我还发现你感觉到天气凉了还不知道自己添衣服！哼，不喜欢你！”

一听说红棉衣不喜欢自己了，贝贝可难受了。呜呜地哭起来，这下子轮到红棉衣着急了。

“小贝贝，小贝贝，别哭了，我来跟你做个游戏吧。这样吧，我可以变成一个球，带上我，你和小朋友们一起玩吧。”其实红棉衣也不舍得贝贝，因为它知道贝贝十分喜欢它，它也不想离开小贝贝。可是太热了，不离开不行呀。那怎么样才能不离开小贝贝呢？红棉衣也就想了这样一个办法：

红棉衣伸展，伸展，折——折——折，袖子往里，下摆往上卷卷卷到帽子里，帽子扣一扣，哇！一个像西瓜大小的球出来了。颜色还跟西瓜囊的颜色是一样的呢！

衣服在变变变的时候，被贝贝的好朋友莉莉看见了！看着贝贝的红棉衣在折折折、叠叠叠、卷卷卷，成为一个球！莉莉开心地大叫！“哈哈哈太好玩啦，太好玩啦，大家来看呀！贝贝的红棉衣变成一个西瓜球啦！”

这下子把全班的同学都吸引过来了，连老师和生活阿姨也都被莉莉的叫嚷声吸引过来啦！

在老师的指导下，西瓜球成了小朋友们开心的伙伴。西瓜球在小朋友的手里跳啊笑啊，可开心啦！哈哈！西瓜球衣服就这样诞生啦！不过会说话这件事还是只有贝贝一个人知道！

（三）

午睡的时间到了，贝贝抱着西瓜球衣服，爬上了小床，把西瓜球衣服放在自己的枕边。可能玩得太累了，贝贝和她的西瓜球衣服一会儿就睡着了，听，还打呼噜呢！

呼噜呼噜……

“小朋友们醒醒啦！”老师的提醒，嗯，西瓜球衣服一下子就醒了。西瓜球衣服看到贝贝还在打着轻轻的呼噜声，就凑滚到贝贝的耳边轻轻地说：“醒醒啦！醒醒啦！”

西瓜球说话声音虽然轻，还是被躺在贝贝旁边的冬冬听见了！

就这样，冬冬玲玲莉莉……都知道贝贝的西瓜球衣服会说话！

现在西瓜球衣服就一直会说话啦！

不相信？

那你现在就马上！立刻！到花园里跟着小朋友和老师去散步吧！看吧，小朋友们都在那儿呢，可开心啦！太阳好大，一会儿就热得出汗啦！小朋友们的衣服就会开始跳舞啦！

你听——

热的时候，西瓜球衣服就会提醒贝贝和小朋友，"脱掉一件衣服吧！太热啦！"

等下，回到教室，有点凉的时候，西瓜球衣服就会提醒贝贝和小朋友们："穿上一件衣服吧，有点凉了哦……"

小朋友们，其实呀，我们每个人都有西瓜球衣服！

不相信？

嗯！你去找找，一定会找到属于你自己的、会说话的西瓜球衣服！哈哈哈，看到啦看到啦！贝贝背着她的西瓜球衣服在教室里散步呢！你猜，她们俩在说什么悄悄话呢？

备课，给老爸上课

老爸是位可爱的老先生，任过多年小学校长，退休好多年了，70多岁，头发灰白，很有风度。我少年时代听到的最优秀的课，是老爸在我五年级的时候上的历史课。用风趣幽默的话语，就把历史人物、事件……融入讲述中，感觉小时候只有老爸的课，是唯一可以吸引我撑着下巴听得入迷的课，并一定能记住其中的事件和细节……

岁月如梭，总是在不经意间让人经历阳光与风霜雨雪、月亮的阴晴圆缺、春夏秋冬……从少年到青年，大把的时光都在听老爸的教诲：“胜不骄，败不馁”“谦受益，满遭损”“任何时候，都保持乐观向上的姿态”……但还是违背父母的意愿，执意把填报志愿填了师范。老爸帮我改了三次，我也坚持修改了三次……类似这样的情况，虽不止一次挑战过老爸的权威，但内心一直遵循父亲的教诲——“胜不骄，败不馁……勤能补拙……

不觉我也已到中年，膝下有孩儿，家中老父母……近些年连续几次父亲的身体健康有些状况，让他原本乐观的状态有些改变，之前稍微和他谈心就能过了的情绪状态，现在好几天他都不能完全调整。年龄大起来，身体不适的感觉，正一点点地折磨着老爸原本的乐观。偶尔透露的心情让我警觉，我平时总是有这样那样的事忙，和老爸说话太少，总是听着老爸的叮嘱“忙你们自己的事……我没事，放心……”我关注到老爸的情绪状态和身体状态是正比！

少年时，爸爸给我上课。现在，我得备课，给爸爸上课，也从中找回乐观与快乐,淡定与从容。

从儿童少年,到青年中年……

时间和空间,一直会延续到永远……

有时候也会这么神奇,想到儿时撑起下巴听老爸的课,虽然不知自己能否有当年父亲的本领,让您也撑着下巴听我“上课”……

现在我想做的事,是备课,给老爸上课……

乐观的老爸——

健康的老爸——

一起拥有少年的阳光……

下篇：『懂事长』们的作品合集

化解,原来这么简单!

张家港市外国语学校(北校区) 王颖君

一个阳光明媚的午后,我正在午睡。突然,一阵“咚咚咚”的敲打声把我吵醒。只听一墙之隔的女儿房间里不断传来这样敲击墙面和桌面的声音,隐隐约约似乎还能听见骂骂咧咧的泄愤声。

一切问题的起源:不良情绪

女儿六年级了,即将面临着小升初的压力,我和她爸爸对孩子的期望值都比较高。回想起午睡前,女儿一脸自信地拍着胸脯对我说:“妈妈,你去睡觉,我保证下午把所有的作业都做完。”可才过了一个半小时,乖巧懂事的女儿就如此张牙舞爪起来,肯定是学习上遇到困难了!

化解问题的前提:稳定情绪

我稳了稳心神,耐心地留在自己的房间里,静静地听她发泄情绪。隔壁时而传来阵阵哀叹,时而发出手掌拍打桌面的声音;时而又像是文具用品们“打起了架”,或者直接“跳桌自尽”……约摸过了半小时,隔壁的动静越来越小了,我估计女儿的情绪也发泄得差不多了,便悄悄来到她的房门前。我轻轻地敲了敲门,温柔地说了声:“小依,妈妈进来了哦!”里面传来一阵“窸窸窣窣”的声音,隐约“嗯”了一声。我推开房门:小丫头坐在写字桌前,耷拉着脑袋,脸涨得通红。书桌上有些凌乱,但地上的东西明显都被捡了起来,床上的被子被卷成一坨。

化解问题的技巧:同理心

我假装一脸惊讶地说:“啊呀,这是怎么啦?我听到你房间里发出各种奇怪的声音,还以为遭贼了呢!”我说得情真意切,真想为自己秒变“戏精”而喝彩。可女儿依旧嘟着嘴,冷漠地说了句:“没什么。”看来“戏精”是装不下去了。我平静地问道:“作业写完了吗?”“没!”女儿没好气地说。我看了一下桌上的几项作业,若有所悟地说:“快两个小时了,还没完成?看来这次双休日作业真不少啊!”女儿听了前半句,本以为我要责怪她,气冲冲地看着我:“就是呀,你看,这些作业……”不管她说什么,我都一边点头,一边“嗯呀”表示赞同。女儿渐渐从气愤变得心平气和了。

化解问题的根本:直面问题

我把目光转向她做了一半的数学题,这大概就是“引爆”她的导火线吧?“你发脾气是不是因为它?”“算是吧!”小丫头也不否认。“这道题确实有点难度,”我读完题,过了好一会,才真诚地说,“妈妈也想了好久才有思路。但是我怕自己的思路不对,我能听听你的想法吗?”就这样,我们共同探讨了起来。不一会,难题的突破口找到了,女儿豁然开朗,三下五除二解出了答案。“你还有什么需要妈妈帮助的吗?”“没,没有了。”女儿支支吾吾地说,“可是我没想到这几道题需要花这么长时间,下午我可能完成不了所有作业了。”原来她发脾气的另一个原因是:预计无法实现自己的诺言!我轻轻地抚摸着她的头说:“给自己一个目标,挺好的!不管这个目标能不能达成,只要尽力而为就好。”这样安慰的话语,让女儿松了一口气。

化解问题的方法:授之以鱼不如授之以渔

“走,我们一起去遛狗吧。”遛狗,是她喜欢做的事情,女儿有些吃惊地看看我,拒绝道:“作业已经来不及了,我不去了,你去吧!”见她这样,我拉起她的手,语重心长地说:“学习需要劳逸结合,你已经做了这么长时间,需要让自己的头脑休息一下。虽然遛狗会花费一点时间,但是你的头脑、眼睛、心情都得到了放松,接下来的学习效率也会提高;反之,你埋头苦做,不仅对眼睛、心情都有影响,也未必能做进去多少。”女儿点点头,按照我的话去做了。遛完狗,女儿的作业完成得特别顺畅。她高兴地说:“看来合理安排学习时间,劳逸结合,效率更高!”我笑着对她说:“是呀,还记得笛福在《鲁滨逊漂流记》里说的那句话吗?”“当然,”女儿接话道,“害怕危险的心理比危险本身还要可怕一万倍。”我若有所悟地说:“害怕作业的心理比作业本身还要可怕一万倍。”女儿“噗嗤”一声笑了。

化解问题的结果:母女情深

晚饭时,我摸摸她拍红的小手说:“以后,如果心情不好,可以打枕头、打被子、打布朗熊,可千万别打桌子和墙壁了,它们太硬,妈妈心疼。”女儿眼眶红了,乖巧地点点头。

一场可能愈演愈烈的争执,就这样轻松地化解了。我想,在每一个孩子的青春期里,都会和父母或多或少地产生些矛盾,我们只有先处理好自己的情绪,才能帮助他们走出不良情绪。在理解的基础上、在爱的国度里,运用恰当的方式方法,问题更容易解决;反之,不仅会激化矛盾,今后解决起来也会更加困难。

“情书”，请珍藏

张家港市家庭教育服务中心 朱冬梅

小学六年级，儿子阿土已身高近一米七，阳光活泼，少年翩翩，小帅哥一枚。对妈妈的称呼也已从一天几十遍亲昵的“妈妈”不知不觉间换成了有几分嫌弃味道的“老妈”，身为“老妈”的我多次抗议无效，只能无奈被动默认人生已“老”的事实。

一日，放学下班后老妈与阿土一起归家，一路无话。回家后老妈忙这忙那，抽空到阿土房间敲门无声响后遂推门而入，只见书桌上随意摊着书本、作业、两张折叠成心形的纸，而阿土手中拿着一张多彩信笺纸。听见开门声响，阿土慌忙把手中的信笺纸往书本下一塞，用变声期嗓门质问老妈：“老妈，你又没敲门就随便进我房间，干什么呀？！”

“亲爱的阿土，我是敲了门才进来的，估计你刚刚太专心了没听到。”老妈应答自如，眼睛已开始全方位扫描。

阿土有些恼羞成怒：“我还没说‘请进’呢，你这是不请自来。查吧，查吧，不就是有人给我递小纸条吗，是不是又有人告状了？最烦女生的叽叽歪歪，最讨厌打小报告的人！”说完，把打开的信笺纸和折叠的心形纸往桌上一拍，犹如一只根根羽毛竖起进入战备状态的小公鸡。老妈一看形势不对，一不小心碰了一个地雷，瞄了一眼信笺纸上圈圈点点的图形和眉眼弯弯可爱小女孩简笔画，立即撤退，边撤边道歉：“对不起，老妈错了！我家帅哥长大了，有隐私权，必须尊重。我马上走，下次一定听到说请进后进来。”说完已退到房门口，轻轻把门带上全身而退。

关房门后老妈已无心做其他事，发了五分钟呆，在客厅转了好几圈，顺便回忆了一下二十多年前美少女时代的自己是什么心情，豁然开朗。老妈翻箱倒柜找出一心形盒子(这盒子疑似前几年老爸送给老妈的情人节礼物——巧克力早已被消灭，老妈没舍得扔盒子)，计算时间，又静等一刻钟，深呼吸数次，来到阿土房门口，轻轻敲门数下，直至听到“请进”才推门。只见阿土正伏案疾书，摊开的数学作业已完成数道题，两张折叠的心形纸和那张信笺纸被随意放在书桌一角，位置和刚才老妈离开时似乎没什么变化。

老妈轻声询问阿土是否“中场休息”十分钟，得到肯定答复后申请发言：“老妈首先郑重声明，没有任何人向老妈告你的黑状；其次再次为未经允许推门而入表示抱歉；其实我最想表达的是，刚刚听到你说有女生给你递纸条，作为老妈，感到骄傲。老妈当了十几年班主任，知道只有优秀男孩才会被女孩欣赏、递纸条，你学习勤奋、热心助人、爱好阅读……(此处列举优点多处)这是一份纯真的、朦朦胧胧的美好情感，正是你这个年龄独有的酸酸甜甜的感觉，女孩子或许会比男孩子先有这样的感觉。老妈知道你的眼光一向不差，或许给你纸条的女同学你并不一定欣赏，你可以不回应，但不能轻视，一定要做个绅士，给你递纸条的事要对任何人都保密。还有，被人欣赏的感觉一定不是太糟糕，老妈曾经也是女生，因此希望你珍视、珍藏这份美好情感。送你这个盒子，可以把纸条放在这盒子里，以后再有，再放进去。等你长大了,或者更晚一些,慢慢变老的时候,有一天你打开它,看到一大堆花花绿绿的纸条,想起少年时就有很多人欣赏、喜欢自己,一定特美。”说完,老妈没等阿土作任何回应,就转身潇洒地走了。

晚饭时分,一家吃饭,老爸老妈对饮一杯酒,列举阿土成长点滴,诸多优点,庆祝儿子长大,有女生喜欢了。老爸老妈感叹时光飞逝,怀念自己年少时“少年维特的烦恼”,只会暗暗喜欢,哪有现在女生的大胆、有眼光。老爸正色关照,早熟的稻穗做出的米饭不香,酒陈才能开坛十里香,有责任感的男生一定等待成长等待成熟。年少时懵懂喜欢,到彼此相互了解吸引,志同道合,再到步入婚姻,再有爱情的结晶,相爱相守一辈子,还有很长也很美好的一段路要走,那才是真正的爱情……

阿土初听老爸老妈谈这事,有点羞涩有点安静,后来被老爸老妈和其他人年少的糗事吸引,不断追问:“还有呢,还有呢?”再接着,坦然面对,甚至还聊起自己看法,认为某同学遇到的事怎么处理合适。当老爸正色谈起爱情,阿土不再言语,多了几分严肃。等老爸说完,阿土沉吟片刻,总结一句:“老爸,好像你和我说早了,我还没碰到喜欢的女孩子呢。”老妈再也绷不住,哈哈大笑。

其后,老妈再也没有看到阿土书桌上出现过漂亮的小纸条,那个心形的盒子也自此失踪在家中某个角落,似乎从未有过,而阿土,还在不断长大。

把爱大声说出来

张家港市云盘小学 陈惠芬

女儿生二孩了，四岁的大宝只好暂时跟随我生活。为了尽量弥补隔代教育所带来的亲情缺陷，我一方面克服困难，坚持天天带着大宝与妈妈、爸爸、二宝见面，续上亲情，不让大宝失落，另一方面我不失时机地让大宝充分感受家人的爱。每当她有好的表现时，我总会伸出拇指为她点赞，给她拥抱，就算她犯了错，我也会对她说：“你的错误行为让好婆很是讨厌，但好婆是永远爱你的，你快快改正吧！”每天的早上和晚上更是我唠叨爱的美好时光。

早上，当大宝睡眼蒙眬地伸个懒腰时，我便会凑到她的耳边充满深情地说上三句话：“大宝早上好！”“亲爱的大宝！”“好婆爱大宝！”于是，大宝闭着眼睛笑了，随后我们聊着天就起床了。晚上，约定的睡觉时间到了，我便会拥抱一下大宝，对她说：“晚安，亲爱的大宝，好婆爱你！”大宝便心满意足地闭上眼睛，渐渐进入梦乡。

慢慢地，在我的启发下，我和大宝间爱的唠叨便有了互动：“大宝早上好！”“好婆早上好！”

一次，我们在爱的唠叨时，突然发现大宝把“爱”字的音拖得长长的，听起来特别温馨，我忍不住问她是怎么回事？她得意地说：“我想爱好婆多一点呀！”我抱了抱她，连忙说：“好婆也好想再多爱你一点呀！”从此以后，我们俩常常不自觉地把“爱”字的音拖得老长老长，有时还忍不住像《猜猜我有多爱你》里的小白兔那样伸出手来比画着，在那里比谁的爱更多一点,每次两个人都被爱的幸福紧紧地包围着。

一个双休日的早上,我和大宝唠叨完爱后,就躺在床上聊天,聊着聊着,大宝突然很认真地对我说:"好婆,我真的好爱你！我要你活到100岁！"我说:"谢谢亲爱的宝贝！不过活到100岁太老了。"大宝说:"没关系,你老了我给你烧饭,喂给你吃。我还要给你买好多好多好吃的,都是软的,你吃得动的。我还要给你买好多漂亮的衣服,对了,我还要给你买个新手机,帮你下载最好玩的游戏,教会你怎么玩。"我激动地抱住了她,亲了两口,说:"我好幸福呀！我怎么有这么好的宝贝？我太爱你了！"大宝回亲了我两口,继续说:"冬天下雪时,我会扶着你到外面去看雪景,让你坐在凳子上看我玩雪;夏天,我会帮你开空调,还要买最好吃的冰激凌给你吃呢……"我抱紧了大宝,一句话也说不出来,任凭那幸福的泪水在我脸颊上悄悄滑过,我的心早已融化成了蜜糖。忽然,我发现自己醉了！我想,此时的大宝一定也醉了！

真没想到,我仅仅做到了每天把爱大声地说出来,并引导孩子也把爱大声地说出来,就让我和外孙女间有了这么好的亲子关系,让我享受到了真正的天伦之乐,就让大宝在感情容易受挫的非常时期继续拥有了幸福感、安全感和归属感。更为难能可贵的是,这种爱的表达似乎有一种魔力,在不经意间,大宝的心里已种下了爱的种子,而且已经开始萌发了！

小时候我们总是担心爸爸妈妈是不是真的爱自己, 长大以后爸爸妈妈又一直不知道我们到底是不是爱他们。毕淑敏在《爱怕什么》中说:"爱怕沉默,太多的人,以为爱到深处是无言,其实,爱是很难描述的一种情感,需要详尽的表达和传递。”

在《少年说》的舞台上,高二女生谢雨晨张嘴就说:“很遗憾我只能通过这种方式,才能和我的爸爸说几句心里话。”谢雨晨的爸爸是大学老师,她很为爸爸感到骄傲,可跟爸爸的微信界面上,除了爸爸给她转生活费,最多爸爸只会加上一句:“天冷了记得穿秋裤。”面对女儿的质疑,谢爸爸解释说:“因为个性原因,我更愿意用行动来表达对女儿的爱,比如学习累了给她沏一壶热茶,周五回家做她爱吃的菜。”可是现在的孩子真的不再满足家长行动上的爱,他们不愿通过观察、猜测等途径来感受大人对他们的爱,更希望家长能把爱大声地说出来。舞台上,当谢爸爸终于鼓起勇气说出“宝贝女儿,我确实真的爱你”时,谢雨晨当场泪如雨下,泣不成声地回应爸爸说:“我也爱你!”多么感人的表白场面,两颗心终于贴得更近了,终于明白彼此之间的深爱原来一直都在。

“爱”是世界上最美好的一种情感,它能够带给人们幸福。一个人最不能隐藏也最不应该隐藏的情感就是爱,爱是一个非常美好的东西,但这个东西必须要和别人一起分享,才会更加有意义更加美好。对于孩子来说,我们的爱就像阳光雨露一样,能呵护他健康地成长。但孩子毕竟是孩子,如果我们的爱不说出来,他们就会显得迷茫,就会不停地猜测,因此,我们要善于对孩子大声说出我们的爱,让他知道我们是多么关心他,多么重视他。

我愿重复我和大宝的故事,坚持每天把爱大声地说出来!

“小火山”熄灭记

张家港市南丰小学 黄丽芳

我家有座“小火山”，动不动就会发脾气，你听，又来了！

“是小林先打我的，我太生气了，就打他了！”这是在幼儿园经常会上演的一幕。

“我就要这个玩具！”安静的超市里就只有他趴在地上大哭的声音！

这就是我家的“小火山”，时不时会爆发一下，有时候会让我手足无措，尴尬至极，苦不堪言。

但是，悄悄告诉你，现在，我家的“小火山”已经熄灭啦！想知道是怎么回事吗？听我说故事吧！

今天是小家伙的生日，我们买了一个大蛋糕，一起为他庆祝。吹蜡烛环节是小家伙最喜欢的，蜡烛点燃后，大家齐唱生日快乐歌，他愉快地吹灭了蜡烛，一片祥和的气氛！要切蛋糕了，奶奶顺势把蜡烛取下，准备分蛋糕。这时小家伙突然哭闹起来，拼命拿蛋糕扔奶奶，问他怎么回事也不说，大声斥骂他也没有用，爸爸把他拎到门外，训了好久才平静下来，一番漫长的询问之后才知道是因为奶奶取蜡烛时不在意地碰糊了蛋糕上的一朵花。

当天晚上，我的内心不能平静，和他爸爸讨论“小火山”的话题，觉得爆发次数越来越多，动静也越来越大，改变已经迫在眉睫。

我们分析了他小火山形成的原因，首先进行了自我反思。平时我和他爸爸也是属于急躁型的，容易发脾气，声音不小心就大了，因此，我们决定以后遇到事情相互提醒,相互督促,做好榜样。

由于我们和他爷爷奶奶住在一起,四个大人一个小孩,大家都是对他比较宠爱,孩子有什么要求,几乎都会满足,有时甚至孩子还没有提要求,我们就已经提前给予了,直接助长了他的坏脾气,觉得他“吃亏”就是不行的,万事以自我为中心,并没有意识到自己发脾气是不对的,甚至脾气过后,还能达到自己的小目的。针对这一分析,我们和爷爷奶奶开了家庭会议,以后对孩子的“坏脾气”采取基本不管的态度,小火山爆发时我们就“冷处理”,让他的“火”自生自灭,自我冷静。

用这样的方法尝试了一段时间,效果还是比较明显的,直接表现是在超市里不再哭闹了,因为哭闹之后也没人理他,自己觉得没趣也就不闹了,在家里也好了许多,但是,在和同伴相处时,因为忍不住而动动手的现象还是不少。看来,小家伙的肚子里还是藏着“小火种”,还是随时会爆发呀。怎样才能把“小火种”取出来?

那段时间,一边对小家伙进行观察,一边学习相关文章,发现每次爆发小火山,都是有共同点的。他遇到问题时,不知道该怎么去用语言表达自己的想法,不会很好地与人正确交流交往,因此比较着急,就会发脾气,甚至动手。针对这一发现,我决定去帮助他学会遇到问题时能够冷静思考,寻找解决事情的能力,这时一个词语进入我的眼帘——“角色体验”。

“角色扮演”是孩子们在一起玩耍时,最喜欢的游戏之一,平时他也很喜欢和我一起模仿动画片里的角色。在一次和朋友家的小伙伴玩耍时又爆发小火山后,我决定用这个方法试一试。当天晚上,我邀请他和我做角色扮演的游戏,再现白天和小伙伴一起玩的场景,我“调皮”

地要求我来扮演他，他当小伙伴。经过我一步步引导，进入了“吵架”环节，两人为了一个玩具发生争吵，谁也不愿意让谁，一阵“抢夺”之后，我说：“那边的小火车更好玩，我去玩喽！”小家伙马上放下抢夺的玩具：“我跟你一起玩小火车！”于是，恢复了平静。爸爸适时加入：“你们真棒，没有争吵，一起玩，奖励你们大拇指！”

玩小火车的同时，我告诉小家伙：“你瞧，如果白天你也谦让一些，和小伙伴一起玩其他的玩具，是不是不用哭鼻子，还会更开心呢？”小家伙拍着手说：“爸爸还会奖励大拇指！”“对呀，多好呀！”

往后的日子里，这样的角色扮演进行了多次，有时是在发生事情之后的“事故”再现，有时是我创设的情境，有时是童话故事，家里的每个人，甚至玩具、物品等也加入其中。在这样的游戏过程中，悄悄地教给他一些处理事情的方法，让他模仿着大人去学会控制自己的情绪，学会换位思考，而且我还惊喜地发现，像这样创造性地模仿现实生活的活动，恰巧为孩子提供了模仿、再现人与人关系的机会，不知不觉还锻炼了他的社交能力和想象创造力，更加增进了我们和他的感情，他很愿意和我们分享他的小秘密。

也不知从何时起，他的小火山居然几乎被熄灭了，没有出现过和小伙伴发脾气的现象，偶尔的小任性也能很快地消失，爷爷奶奶也说他懂事了不少。

小火山的熄灭过程花了不少于一年的时间，这真的是考验我们家耐心和智慧的一年，总是在和孩子斗智斗勇。但为了孩子的成长，我享受这一过程，他们是我们最爱的，和孩子一起长大，学习做父母！

花季少女变形计

——叛逆期青春期学生家庭教育指导手记

张家港市乐余高级中学　程文秀

最近，接到一位家长的电话，说读初中的女儿近期问题比较大，在校贪玩没心思读书，在家和自己拌嘴吵架，还用打火机烧着墙纸，用刀片划手臂，希望我能帮忙疏导一下。电话里听得出家长心急如焚但又不知所措的感觉，就建议这位妈妈先和女儿沟通，再安排时间做辅导。

妈妈的倾诉：看不懂的十八变

两年前夫妻离异，女儿随母生活，由母亲监护，父亲已经组建了新的家庭，对女儿很少过问。自己没再想过成家，一门心思教育照顾女儿，把未来的希望寄托在女儿身上。一开始女儿挺懂事，很听话很省心，学习也比较认真，成绩在班级前列。但从上学期突然变了很多，在校读书没心思，状况不断，成绩下降，在家里和自己顶嘴吵架，还用刀片割腕，用打火机烧墙纸。前几天自己一气之下动手打了她，她就说要离开家再不回来，只好送到奶奶家，结果没待几天，又吵着要回来。这不，昨天才接回来，多次劝导才说服她来找老师聊聊。

女儿的淡然：我的痛苦你不懂

对于母亲的哭诉，小女孩坐在边上保持一种漠然的神色，只有表达到两人在家里的冲突原因的时候，女孩脱口而出“你胡说”，之后再没有出声。

接下来我想单独听听女孩的心声。

女孩眼神中几乎看不到光彩和明显的情绪，稍显幼稚的脸上充满着与年岁严重不符的漠然和波澜不惊。我没有急于追问自己想要的答案，只是机械地重复了刚才母亲讲述的一些情况，她没有否认，也不愿多谈，只是用淡然的口气回答“是这样，就是这样”。我知道只要让她重复一下这些事儿就会有不一样的东西呈现，但我不想继续追问，不打算在一开始就让她的情绪处于一个极度波动的状态。

我让她说说自己最近一段时间的状态，她说不太好，这学期开学不久不知道怎么回事儿就不想读书，觉得没意思。家里和妈妈吵了架，被赶出来，回到奶奶家，爸爸不住一块，也没多过问。在学校和同学关系还不错，除了前段时间不想读书作业比较随意外，其他还好。在家烧墙纸就是随手玩玩，并没有让墙纸真正烧起来。割手腕的事儿做过两次，用美工刀在教室里划的，当时也不觉得痛，看到血渗出来反而觉得轻松一些。

这是一个有思想有情绪的孩子，看上去没心没肺的样子，其实她承受的痛苦一点不比妈妈少，只是妈妈无法体会罢了。

走进心理画：要把自己藏起来

接下来，孩子用20分钟左右的时间完成了一幅房树人的图画作品，尽管她说自己不会画，还是很用心地刻画了很多细节：枝条繁盛的两棵大树把一座城堡式的房子遮盖得严严实实，房子除了顶上的气窗没有其他窗户，门紧闭着，一张孤零零的桌子靠在房子外墙边上，桌上是一只水壶和一只玻璃水杯,整个画面看不到人。女孩没有过多说明,只是说这是在森林里,自己一个人在房间里睡觉看书。

结合刚刚收集到的相关信息,我联想到“安全感”“逃避”“压抑”“无奈”几个词汇,她表示这些词汇符合她目前的状况,也希望能有办法走出来。

成长变形计:回归家庭聚能量

这个女孩现在出现的问题原因很多,有家庭方面的,有青春期逆反期问题,有学业压力问题,有个性性格问题等。从交流过程获得信息看,家庭因素可能影响比较大,父母离异一般都会给少年期孩子造成很大影响,如果双方不能积极理性处理好孩子抚养问题,相互评价问题,涉及抚养孩子的权利义务问题,都会进一步给孩子带来严重缺乏安全感或被遗弃的感觉。自我的人格难以有效整合,对父母、对社会的看法也会发生消极的变化,从而导致自己行为的失范和异常,成为别人眼中的问题孩子。

最后的环节,我请母女二人各自表达了对对方的真实感受。母亲声泪俱下,孩子的情绪没有激动的表现,但脸色不再漠然。她也坦承了自己没有想到给妈妈带来这么多痛苦,希望自己能有所改变。我抱着试一试的想法请孩子和妈妈拥抱,孩子没拒绝,站起来走向母亲,二人相拥一刹那母亲泣不成声,女儿身体放松,眼光明亮起来。

我给母女俩提了两点建议,一是有话好好说,相互信任;二是处理好原生家庭三人之间的关系,尽可能让父亲回归角色。第二点有点难,但谁能说她们母女俩就一定做不到呢?

目送

张家港市南沙中学 戴雪峰

绿灯亮了，顿时人影错杂，但是在那么多穿梭纷乱的人群里，我无比清楚地看见丫头的背影。背着小小的书包，那个蓝色的背影，她没有回头，从容前行，可我却分明看见了她的孤单，心里有点点的酸，仿佛看见了自己。很多时候我也曾这般一个人行走，一个人奔跑。可丫头现在只有 11 岁，她一个人乘车，一个人上课，一个人吃饭，一个人上图书馆，她很少享受有爸妈护送的待遇，站在站台上，目送她远去，心慢慢地疼。

想起很多时候，我就是这么看着她。呱呱落地，蹒跚学步，特别心痛的是车祸后的第一次行走，摇摇晃晃，步履不稳，风一吹就要倒似的，我强忍住不去扶她，看着她，在她的背后，随时保护她。终于，她站稳了，走远了，心里的石头落地了。我的丫头是健康的，我也是幸运的。

每一次去幼托班，她从来都没有哭得很大声，最多含着眼泪与我挥手。去接她时，喜欢远远地看她，有时候看她与小朋友嬉戏，有时候看她一个人在玩，有时候会老远就看见那小小的人儿趴在栏杆上等待。每一次，都会十分的欣喜。

再长大些，她会自己上学了，因为上班早，很少送她，恍惚间，她就这样慢慢地长大了。从小小的手紧紧拉着我的手，到慢慢地喜欢挽着我的手臂，再然后是我喜欢搂着她的肩膀了，跟她开玩笑，再过些时日，该是她搂着我的肩膀了。听了这话，她就笑着搂着我，比画着到我哪了。“快了,就差半个头了。”心里甜甜的,又酸酸的,丫头大了,我就会老了。

现在,上市区,很多时候我们俩都骑车,我在前开路,她在后跟着。骑一会,我就要回头看看她,她就响亮地回答我“老妈,我跟着呢”。然后再骑,再回头,然后一起停车。有时候她会骑在我前面,在车流中敏捷地穿梭,我的目光始终被那小小的身影牵扯着,悠长悠长。到站了,有时候我刷不好卡,她便熟练地抢过来,“我来,看我的”。看着她娴熟的身手,我有种被照顾的欣慰。

无数次锻炼后,现在的她会非常老练地乘车了,她会笑着对我说拜拜,会对我说:“妈妈,你回去吧,到了我打你电话。”我倒有些不舍了,搜寻着她的身影,看她有没有抢着座位。估摸着该到了,她的电话就来了。一个短信,或者一个电话,心才一下子放松下来。有一次,她没带电话去上课,本想去接她,后来因为来不及赶到就让她自己乘车回来。办好事情,我就在站口等她。没想到本来十五分钟的路程,足足过了四十分钟都没见公交车来,我一边不停地翻手机,一边不断地张望,脑海里翻腾着种种不测,心惊肉跳,没有电话,无法联系,我都有冲动骑车沿路追过去。终于车来了,丫头跳下车,是我的丫头,你终于到家了。下次我再也不许你不带电话了。没想到她倒没事人般,轻快地走在前头,根本不知道刚才那将近一个小时之内的我是如何地百转千回。看着她高高的身影,我小心地跟着,像天下许许多多的妈妈一样,守着、爱着。路很长仿佛又很短,我知道,终有一天,她也会离开我,不再需要我。

“我慢慢地慢慢地了解到,所谓父女母子一场,只不过意味着,你和他的缘分就是今生今世不断地在目送他的背影渐行渐远。你站立在小路的这一端，看着他逐渐消失在小路转弯的地方，而且，他用背影默默地告诉你：不必追。”终于有了龙应台般的心境了。

以上这些是丫头还小的时候的一些成长片段，突然很想念这样的场景，我和她一起走路、一起吃饭、一起说话、一起旅游。特别是旅游的时候总是她带着我，告诉我方向，我也很放心地把乘车走路的事情都交给她去办，等到大了一些，酒店住什么样的也会交给她打理，甚至攻略也是让她提前做好，我准备好钱就行了。想起平时在家里也是如此，该是她做的事情我很少插手，如果她能够做的事情我也尽量不管。我有时候不太像妈妈，倒是她会把我照顾的很好。或许正如老话说的那样“懒妈妈才会有勤快的女儿”。

其实为人父母者，哪个不心里把孩子当作全部，但孩子即使是你心头掉下来的一块肉，他也是一个独立完整的个体，是终究要长大的，是需要独立去承担生活的责任的。所以对孩子的爱放心里，该是他做的事情从小就要养成让他自己去做的习惯。这就是我想和大家分享的故事。

亲子关系中的“陪伴”艺术

张家港市梁丰初级中学 戴欣

亲子关系是我们每个人在人世间的第一个人际关系,“陪伴”又是亲子关系中的重要组成部分。愿意花时间陪伴孩子成长的父母又存在这样的为难:自己绝大部分心思都花在孩子身上,陪在孩子身边操心他/她的吃穿玩学等等,到头来却只换来孩子的冷漠、诸多怨言,甚至对着干……怎么“陪伴”,我个人认为其中大有学问。

下面我想讲两个真实的小故事,粗浅的谈谈我对“陪伴”的认识。

“不管你做错了什么,妈妈都选择站在你这边”

那是女儿读高二时的一次学校月考, 我接到了学校老师的电话,说我女儿在语文考试中夹带古诗默写小纸条。身为教师,我知道考试夹带“打小抄”是一件事关诚信的大事,一贯品行正直的女儿怎么会做这种违纪的事。

我每天陪着女儿上学放学,看着她刻苦努力,她这是昏了头了,我按不住自己的怒火,计划好了要好好地教育女儿一次。

晚上九点半接女儿。女儿一坐上车,我感觉她情绪明显低落。我心里咯噔一下,考了一天的试,我此时兜头盖脸地训斥合适吗?我用调侃的语气打开了话匣:“今天我们毛毛做了错事了,要吃生活(吃生活:受惩罚受皮肉之苦)了。”我说完,女儿眼泪汪汪的就是不接话。“妈妈猜你花了更多的复习时间在历史政治上,来不及背诵古诗了,是吗?”女儿点了点头。

“打一次小抄要付出的代价太大了,你偷看时是不是紧张到窒息?被监考老师抓了现行是不是无地自容?现在回想起来是不是觉得真没必要?”女儿终于“嗯”了一声,在座位上稍稍坐正了些。看出女儿不排斥这个话题,我进一步说出我的观点:“这事就这样吧。以后做事要有成本意识,付出成本太大,就不值得去做,你说呢?”“当老师打电话给妈妈说你作弊被发现,你是不是特别害怕?心里不知道怎样面对妈妈,是吗?妈妈想对你说,你是我最爱的孩子,不管你在外面做了什么错事,别人不理解你也好,别人排斥你也好,妈妈永远和你站在一起。你做了错事坏事妈妈也会陪着你、等你改,改了还是好孩子,是不是?”

从那以后,女儿真的懂事了很多,和我的心更近了。

“这事就这样吧。”轻描淡写的处理基于我长期陪伴孩子对自己孩子的了解,她不需要我多说大道理。

“不管你在外面做了什么错事,妈妈永远和你站在一起”的表白是我爱孩子的真心。陪伴的艺术就是多站在孩子的角度理解她,无条件地信任支持她。

“喜欢就多吃点,不想吃就算了”

我外甥女L现在就读于市区常青藤初中。家住东莱,我大妹妹夫早晚接送。因为晚自习回家后不愿意多做数学物理题和早上不好好吃饭让我大妹妹夫无计可施。

今年过完年,我主动请缨,接她到我家住。怎么解决L不好好吃早饭的问题着实让我绞尽脑汁。按照以前陪伴女儿的经验，我制定了“问喜好”“报菜名”“一起吃”“不勉强”的陪吃四原则。“问喜好”就是问好小L哪些菜肴是她常吃喜欢吃的，“报菜名”就是下晚自习回家路上就会说说明天早上吃什么，征询一下意见，小L一般都没意见，因为都是她喜欢吃的菜。

“一起吃”的陪伴很重要。早上一家人都早起，一起吃早饭，我们准备上班的说说上班的事，上学的说说学校的事，不知不觉早饭就吃好了。做早饭不是为了晒朋友圈，而是陪孩子用一顿早饭开启美好的一天。

“不勉强”就是“喜欢就多吃点，不想吃就算了”的率性。我在餐桌上会留意孩子吃了什么、吃了多少，吃得开心不开心，但我不会给孩子定下一定要吃什么、吃多少的标准。小L每天早上都吃得开开心心的。

“喜欢就多吃点”是用心陪伴的艺术体现。

“不想吃就不要吃了”是零压力陪伴的艺术体现。

陪伴的艺术并不高深。我写下这两个真实的亲子故事，希望抛砖引玉，让读到我的故事的朋友多思考自己在亲子关系的陪伴中充当了怎样的角色，信任的陪伴和零压力的陪伴可能是孩子最需要的陪伴。

小小男儿初长成

张家港市鹿苑小学 钱丽娅

在众多的孩子中一下子就记住了小伟，是因为他的爷爷。

那天即将放学，孩子们正在教室里整理书包，一个年过六旬的瘦小老人急匆匆赶来，花白的头发，拉着班主任老师说了很久，他就是小伟的爷爷。原来前几天上体育课时，小伟把衣服落在操场上，回教室的时候忘记拿，等到发觉去找却找不到了。小伟的爷爷认为这件衣服价格比较贵，还是在学校里丢的，要老师赔。

我先安抚了老人几句，让老人和小伟先回家。后来通过一番寻找，终于在一处灌木丛中发现了小伟的衣服。“丢衣服”风波终于过去了，但我一下子认识了小伟的爷爷。据说这个爷爷能言善辩，是出名的“难缠”，村委干部、邻居见了他都“头疼”。

通过全面的接触了解，我发现这个“强悍”的老人，有一个伤痕累累的家庭：小伟的爸爸因为诈骗入狱，妈妈也因此和爸爸离婚，离开了这个家庭，小伟一直和爷爷奶奶生活。两位老人都体弱多病，靠着一个小店和村里的救济生活。

因为儿子、媳妇的缺位，老人怕自己的孩子委屈，他就加倍给予：但凡小伟在外受一点委屈，就觉得自己的孩子不能轻易受别人欺负，处处帮小伟出头……但面对进入青春期的男孩子，年老的他们常常心有余力不足。在这样家庭教育中成长的小伟，内向孤独，在学校几乎不开口，在家不是看电视就是玩手机，基本足不出户；敏感脆弱，一点小事就会触怒,他几乎没有什么朋友;作为班中最魁梧的孩子,常常欺负其他同学,同学对他是“敬而远之”;作业不做是家常便饭,时时和老师对着干,成为教师们心头永远的“痛”……

“解铃还须系铃人。”要改变这样一个孩子,不仅需要老师的努力,更需要从家庭入手,改变家长育人方式方法……

第一步:“走进心扉重点突破。”首先从爷爷入手,只要爷爷有改变,就会事半功倍。首先我打好“乡情牌”。我的老家和小伟爷爷是同一个村,晚上散步我特意绕过去来到小伟家。看到我这个“老乡”,小伟爷爷奶奶很热情。我们一阵唠嗑。我先把小伟开学初一些好的表现告诉了他们,拉近了彼此的距离。对小伟的爷爷奶奶这些年来的辛勤付出表示敬意,特别夸了爷爷:时时刻刻关心小伟的学习,非常称职。

其次,真诚打动人心。聊到小伟读高年级,接下来就要升初中了,让小伟健康幸福成长是我们的共同心愿,爷爷奶奶点头赞同。不知不觉就聊到了小伟的爸爸,爷爷告诉我,小伟爸爸快回家了。我趁机就聊到父母的重要性:在孩子的成长中,父母是主角,在孩子成长中起着至关重要的作用。父母教育的缺失,会严重影响孩子的成长,导致孩子孤独、厌学等一系列负面情绪的产生……小伟爸爸回来了,更要好好关心小伟,弥补一下小伟这几年缺失的父爱。还聊了隔代抚养的优缺点:老一辈的经验丰富,疼爱孩子,能够给孩子足够的爱。但是终究无法替代父母的角色,爷爷奶奶的教育只能是帮助或者辅助……爷爷听了若有所思,说他为了增进父子情,特意让小伟给爸爸写过信,说过一阵准备带小伟一起去探望他爸爸。我建议探望这件事要听听小伟的意见。

孩子已经大了,要尊重孩子的选择,爷爷点头答应。

在以后的日子里，我或者利用值班的时间和小伟的爷爷聊聊,或者邀他来办公室坐坐,或者借着散步的机会去“圈门”,悄悄渗透家庭教育方法、理念……在不知不觉中信任感就建立了,“润物细无声”的效果也慢慢显现：爷爷愿意采用一些正确的家庭教育方法来教育小伟,来学校找“茬”的次数越来越少了。

第二步:“齐心协力共同进步”。爷爷这一“难关”攻克下来后,接下来要让小伟的妈妈参与进来。此前老人们因为媳妇的离开,时时在小伟的耳旁念叨：妈妈不要你了……因此小伟对妈妈又思念又怨恨:妈妈的电话不接,也不去妈妈那里。我电话联系到了小伟的妈妈,相约在学校。听到儿子的情况,小伟妈妈的眼睛红了。我讲了青春期男孩的特点,叛逆、敏感,脆弱,对女孩子有好奇朦胧的意识……讲到小伟的孤独和敏感,脆弱和坚强,他是多么渴望得到妈妈的关心和问候啊！妈妈要和儿子建立良好的关系,用浓浓的母爱去感染孩子,用女性的温柔、善良去熏陶孩子。在和妈妈的相处中甚至可以学习如何与异性相处……我建议妈妈敞开心扉,好好和孩子聊聊。

找来小伟,告诉他妈妈抑制不住思念之情,到学校来看他了,小伟不由呆了一下。“妈妈永远是你妈妈,这一点谁也无法改变,她很爱你,你去见见妈妈吧。”留出空间,我让母子俩在一起。这次见面让小伟打开了心结,改变了对妈妈的看法。之后我建议小伟妈妈平时可以适当给爷爷打打电话,问问小伟的情况,或者上门去看望儿子,改变老人的一些看法,还定期接小伟去她家,加强沟通。作为我则可以“推波助澜”,做做老人、小伟的思想工作,加强沟通,及时引导。

一天值班的时候,我问小伟爷爷小伟在家的表现,爷爷告诉我:周六妈妈带他出去玩了一天,就是回来晚了!看来老人有所改变。

小伟呢,闷葫芦开口了,也能慢慢写一部分作业了。看着他穿着一件新外套,我故意问:“小伟这件外套真好看,是谁买的呀?”他显得有点难为情,小声说:“妈妈买的。”“妈妈眼光真不错!”我们俩都不由得笑了……

小小男儿初长成!

最好的陪伴

张家港市实验小学(东校区) 陈乐乐

场景一:“奶奶,我到底应该几岁?”

那日,在妇保所遇见这么一幕:5岁模样的小男孩来打针,等候的间隙,奶奶说:“宝宝,我们来做算术题啊!你今年5岁,妹妹今年3岁,你们俩一共几岁?”小男孩想了想,大声地说:“5岁,3岁,嗯,5加3等于8!”当小男孩说出答案的一刹那,我看到奶奶的神情一亮,那种自豪感溢于言表。接着,她又问:“宝宝,那你5岁,妹妹3岁,还有个弟弟2岁,你们一共多少岁?”这一次,小男孩没有马上回答奶奶,而是被奶奶身后的气球吸引住了,爬上凳子要去拽气球。奶奶立马把小男孩从凳子上拽下来,说:“来来,回答对了才能玩。”小男孩开始自言自语:“我5岁,妹妹3岁……”还没等他说完,奶奶抢先一步:“对,你说先算哪个?算你和妹妹,还是弟弟?”小男孩显然糊涂了,继续重复:“我5岁,弟弟2岁……”然后就没下文了。奶奶不死心,说:“你5岁,妹妹3岁,弟弟2岁,一共几岁啊?”小男孩又开始爬凳子,显然兴趣点不在这里,奶奶不依不饶:“你5岁,加上妹妹3岁,是几岁啊?”小男孩说:“8岁。”“好,那再加上弟弟2岁,是几岁啊?”“8加2,8加2,10岁!”奶奶开心地对着旁边的爷爷说:“诺!谁说他不会,他不是可以的嘛。”我以为这样就结束了,没想到奶奶提高了嗓门,不无炫耀地说:“宝宝,你真棒!我们再来一个啊!你6岁,妹妹5岁……”还没等奶奶说完,小男孩嚷道:“奶奶,不对,我5岁!”奶奶笑着说:“哎呀,我是说假如你6岁……”“那奶奶,我到底应该几岁啦?”小男孩一脸懵懂地看着奶奶……

后面的对话我没时间听下去了，不知那个关于年龄的加法做了多久……

场景二:“奶奶,你做我的宝贝吧!”

又一日,在理发店里看到这一幕:4岁模样的小女孩陪着奶奶来剪头发,等待的间隙,小女孩对奶奶说:“奶奶,你做我的宝贝吧!”奶奶笑眯眯地说:“好啊,亲爱的妈妈!”小女孩立刻从奶奶身上蹿下来,正对奶奶,柔柔地说:“宝贝,妈妈要上班,你乖乖地在家哦!”奶奶嗲嗲地说:“嗯,妈妈,我会很乖的,你放心吧!”小女孩挽起奶奶的小钱包,继续说:“宝贝,妈妈给你买好吃的去,你要吃什么呀?”奶奶瞅了瞅小女孩:“嗯,我想吃面包!”小女孩高兴地说:“好,我这就去买!”接着,小女孩在屋子里开始煞有其事地踱步,大概转了三个圈圈,她重新走到奶奶面前,双手托着什么似的,说:“宝贝,妈妈回来了,看,我给你买了最好吃的面包啦!”奶奶很开心地说:“哇,妈妈,太好了,谢谢您!”顺势和小女孩来了一个拥抱……我坐在靠墙的沙发上静静地看着这一幕,不知不觉忘了时间……

巧得很，两个场景的主人公是两位年纪相仿的奶奶和小孙孙,很多的相似点,却蕴藏着许多教育的不同点。

家庭教育最本真的要素——陪伴。当下还有一群不容忽视的“陪伴主力军”,那就是孩子的祖辈。从陪伴时间上看,祖父母们都已退休在家,他们比起孩子的父母,有更多的时间和孩子相处,他们的陪伴就显得更为普遍。

场景一中的奶奶，我完全理解她那种“望孙成龙”的心切，她的陪伴就是陪着孩子学习。但这样不断地“加塞”，到底能给孩子留下些什么呢？过于“用力”地陪伴，失去了本真，多少带着功利的心思。

场景二中的奶奶，让我心生温暖。这种丢掉身份的陪伴，是难能可贵的。我很佩服奶奶的耐心，更欣喜于小女孩的伶俐。小女孩口中重复最多的是“宝贝”“妈妈爱你”这样的语句，对角色的转换也非常清晰。从她们的对话中，我分明可以感受到她们平时的家庭氛围。

由此我想到了我的婆婆。记得儿子刚刚会走路那会儿，婆婆找了一份工作，在路口代收摩托车养路费。对于好不容易申请到的工作，婆婆很珍视，可是，家里人都上班去了，孩子谁来带呢？婆婆想了个办法，把孙子带到马路上，一边工作一边看孩子。一开始我很担心也很反对，不过实在没办法也就随她去了。

现在，孩子也大了，婆婆也不用去工作了，但每每走到路口，婆婆总会很感慨地和我儿子说：“你还记得和奶奶到马路上登记车牌这件事情吗？”每次回忆那段经历，儿子都一脸开心的样子，还很骄傲地说：“从来没学过英文字母的奶奶居然为了登记车牌能把26个英文字母背出来默出来，很了不起！”

常说“陪伴是最好的教育”，其实，不是陪伴本身有多重要，而是陪伴过程中的爱、温暖、体贴等正面的情绪能被孩子感知到和学习到，因而从被爱中学会爱人，与人产生连接，这才是最重要的。

所以，最好的陪伴，是心灵相通的。

二孩教育,化“问题”为“机遇”

张家港市乘航小学 徐丽洁

2011 年,我加入“林老师”团队的第一年,在一所新居民子女学校开展现场咨询活动时,第一次听到来自二孩家庭的烦恼:“大孩子以前挺乖,现在完全变了:脾气不好、学习不自觉、爱欺负小的……”之后的几年中,随着“二孩”政策逐步推进,前来咨询二孩家庭问题的家长也越来越多:为何大孩子不如以前懂事,自理能力倒退,甚至各种“作”?两个孩子经常发生矛盾,家里“鸡飞狗跳”怎么办?

2015 年,“二孩”政策放开后,年近不惑的我也鼓起勇气生下第二朵金花,加入了“二孩”家庭的行列。有了众位家长的面询“吐槽”,有了为解答问题而进行的自主学习,有了“林老师”伙伴的分享探讨,我对“二孩”家庭将面临的“问题”也就有了更多的“预见”,从而从容淡定地以点滴行动将“问题”提前或及时地化为“机遇”。

大宝:添个二宝多了“乐趣”

二宝出生后,许多家庭往往因忙于照顾小宝而减少陪伴大孩的时间、忽略大孩的感受,于是,大孩子会用各种异于常态的行为来表达不满、吸引家长的注意力,以此来证明自己在家长心目中的地位。有些二孩家庭就遇到“大孩心理年龄倒退、行为退化或故意犯错”的问题。

我在生小宝前后,都特别注意对大宝的尊重、关注与疏导。我不止一次地对大宝说:“有了小宝,我们要照顾她,可能会比以前花在你身上的时间变少一点,但这并不意味着爸爸妈妈爱你变少了,就像阳光原本照耀一棵树,现在照耀两棵树,我们对你的爱是不变的。只要你需要,我们一定会在第一时间帮助与陪伴你。”

在让大宝感到被关注的基础上,我更是寻找一切时机让她体会到二孩家庭的乐趣。有胎动了,时不时伸胳膊踢腿了,我都会告诉大宝,让她把手放在我隆起的腹部感受那神奇的瞬间,笑着说:“你在妈妈肚子里的时候,也是这样的。记得有一次,你大概在里面伸懒腰,把一只小脚撑在我肚皮的一侧,我轻轻抚摸着小脚,说了句‘小宝贝,把小脚放放好啊’,你就真的乖乖把脚缩回去了!”大宝听了,兴奋地问:“真的吗?”“当然是真的啦,母女连心嘛!”我拉着大宝的手,一脸幸福。大宝也动情地看着我:“妈妈……”小宝出生以后,吮手指啃拳头,挥胳膊蹬腿,第一次翻身,学爬行,学走路,牙牙学语闹的笑话,生活中的许多趣事,我都请大宝一起参与、分享,一起感受父母养育孩子的艰辛与快乐,一起用镜头、微信文字来记录那珍贵的时刻,一起翻开相册和日记去回顾大宝那相似却又独一无二的美好童年……渐渐地,“有个二宝真有趣”成了大宝的口头禅,大宝也对爸妈有了更多的体谅与回报:抢着帮忙盛饭、劳动时主动搭把手、帮忙照顾妹妹……

两宝:在相处中学会“交往”

两个孩子在一起相处,难免会产生矛盾,家长不必为此感到麻烦或困扰:如果孩子连两个人都不会相处,以后如何与几十位同学相处?孩子是一个社会人,不可能一辈子只与长辈相处,必定需要面对同学、同事甚至更多的人。独生子女的交往缺陷，警示我们：要利用二孩家庭的优势，让孩子从小练习、学会与人交往！因此，当两个孩子发生矛盾的时候，家长首先要保持冷静。

在前来咨询"发生亲子矛盾"的二孩家庭中，其导火索大多是"两孩矛盾"，而应对"两孩矛盾"时，几乎无一例外——父母批评大孩子！或者，看到小的一哭就不问青红皂白地骂大孩子："你怎么欺负弟弟(妹妹)？"或者，知道真相后埋怨大孩子："弟弟(妹妹)比你小，你应该让着他(她)呀！"于是，原本的"两孩矛盾"，因为父母的处理不公而演变成了"亲子矛盾"，矛盾升级！其实，在保证安全的前提下，父母应该冷眼旁观，让两个孩子以孩子的方式去解决他们之间的矛盾，或据理力争，或武力解决，然后，再教给他们解决矛盾的正确方法。

我家两个女儿虽然年龄差了整整 12 岁，但也会发生矛盾。记得有一次，两人坐在一起边看动画片边吃奥利奥饼干，十分高兴。小宝正吃着，看到姐姐拿起的是最后一片，就不许姐姐吃了。姐姐不同意，小宝就哇哇大哭，见仍不奏效，就动手去抢，可哪是姐姐的对手？于是，她就跑来向我告状："姐姐抢我的饼干！"从教 20 多年的我，知道孩子总会挑对自己有利的话来讲，就没有偏听她的一面之词，转而向大宝询问缘由。听完大宝的辩解，我再向小宝求证是否属实。得到证实以后，我才不慌不忙地实施教育大计。先问小宝："妈妈有两个宝宝，所以妈妈买的饼干是给谁吃的？""我和姐姐。"(这是我一直向孩子们强调的)"所以，你只肯自己吃，不许姐姐吃，对吗？""不对。""那你应该向姐姐道歉哦！"小宝向姐姐说了"对不起"，懂事的姐姐则回答："没关系。"我再问小宝:“你再告诉我,为什么不许姐姐吃那块饼干呀？”小宝嘟着小嘴,可怜兮兮地说:“那个饼干甜甜的,很好吃！”“哦,原来今天是小宝第一次尝到这种饼干,所以觉得很好吃就想多吃一点,是吗？”她使劲点着头。“你姐姐小时候也很喜欢吃呢!不过,她比你大,早就吃过很多次了呢！”小宝听了,立即羡慕地说:“我也要长大,我也要吃很多次！”听到这里,原本被蛮不讲理的小宝惹恼了的大宝“噗哧”一声笑了出来,把饼干递给妹妹:“啾,小宝,看你那可怜样儿,姐姐就省给你吃吧!反正我吃过很多次了！”我赶紧提醒小宝:“小宝,你看姐姐对你多好呀！要对她说什么呀？”小宝一边欢快地跑去拿饼干,一边连声说:“谢谢姐姐!谢谢姐姐!”小宝高兴地啃着饼干时,我肯定了大宝的谦让,并让她去找自己爱吃的其他东西了。一场矛盾就这样化解了,小宝知道了“爱哭不会赢、武力不能解决,唯有好好商量才有希望”的处事方法;大宝则拥有了谦让与宽容的胸怀。

二孩家庭的生活方式,虽然会让孩子产生分享所带来的矛盾,却同样可以让孩子“学会分享”。我家大宝时不时会从学校带回点好东西送给妹妹。耳濡目染下,当小宝得到好吃的时,也不忘多带一份给姐姐,或者给姐姐留一份。有一次幼儿园发小点心,她竟然把一粒“超级大的葡萄干”用餐巾纸包回来给妈妈和姐姐分享。

二孩家庭教育中,还会遇到各种问题。只要我们牢记“问题即机遇,挑战即机会”,平时多阅读多学习,就一定能在“预见”中冷静应对、妥善处理,“遇见”孩子成长、家庭幸福的美丽风景……

筝·情

张家港市港区小学 赵英

“宝贝，我们也来学门乐器吧！”

“什么是乐器？”女儿眨巴着她的大眼睛，皱着小小的眉头，很是困惑地问我。

“乐器啊，就是用手弹啊，拨啊，可以发出美妙音乐的东西。比如你们幼儿园里的钢琴，就是乐器。”

“好啊！好啊！我要学，我也要像老师一样变出很好听的声音！”

回忆起多年前发生在客厅里的这一幕，清晰仿似昨日。一晃眼，竟已陪伴女儿走过了七年漫漫学筝路。其间的甜、酸、苦、辣早已随着时间的流逝模糊远去，然以筝为媒，教给孩子的人生秘诀，却是女儿一生受用无穷的宝贵财富。

教给孩子一种态度——认真

每一次陪女儿上古筝课，我总是很认真地听老师讲、看老师示范，记笔记，用手机拍，唯恐遗漏一点点回家不会指导女儿。六岁的女儿看着我认真上课的样子，也有样学样地模仿着。尽管是班上最小的孩子，但那认真的神情每每都让老师夸奖不已。后来女儿上小学，上课的专注程度让她的每一位任课老师见到我都要表扬她几句，我想可能也得益于这一段经历。

每天晚上的练筝时间是最艰辛的，一首练习曲从陌生到熟练，不是一遍两遍就可以做到。一开始练习时还好,可练了一会儿就有各种借口各种累,于是表扬奖励呵斥批评各种方法轮番上,但收效甚微。后来,我反思调整,根据女儿的承受能力,我们一起定下规则:熟练的曲子认真复习两遍,新学的曲子认真练习五遍,如果态度不认真,弹拨的要求没有到位,妈妈就可以要求适当加上一或两遍。从此,女儿有了目标明确了要求,每天吃完晚饭回到家,就自觉主动地开始认真练习。

常和女儿说:"做一件事,要么不做,要做就认认真真、努力做到最好!"随着女儿渐渐长大,认真已成为她身上的一个烙印,认真上课、认真作业、认真阅读、认真写字……态度决定一切。多年来,我从未在学习上为女儿操心过,捧回的一张张奖状足以说明一切。

教给孩子一种品质——坚持

女儿的古筝老师说:学乐器,考验的不是孩子,而是家长。深以为然。家长如果不能坚持,那么孩子也必将无法坚持。很庆幸我是一个坚持的人,而七年的学筝路,也让女儿拥有了这一好品质。这期间,并非没有打过退堂鼓,但最终,女儿还是凭着一股信念,坚持到了最后。

记得那年暑假,女儿开始学习八级曲目。随着乐曲难度的加大,弹奏的要求越发严格,女儿碰到了不小的困难,哭了好多回,弹不好的时候就恨恨地说:"再也不弹啦!"看着女儿一天天负面情绪的积累,我心平气和地和她谈了一次话,内容很简单,坚持还是放弃,由她自己决定。

女儿在郑重地想了一天后对我说:"妈妈,我想坚持下去!你常常对我说,坚持就是胜利。我都坚持了这么多年,我不愿意也不想就这样放弃!"看着信誓旦旦、破茧重生的女儿,我抱了抱她:"宝贝,我们一起坚持!永远记住,你不是孤军奋战,妈妈会一直陪着你!"女儿顺利地度过了这段瓶颈期,欣慰的是因为这件事女儿成长了不少。

教给孩子一种能力——勇敢

自从女儿开始学习古筝,接受了大大小小无数次挑战,班级表演、校级展示、央音考级、全国比赛……最初的时候女儿很是紧张,慢慢地锻炼多了,她渐渐变得勇敢自信起来。

五年级升六年级的暑假,女儿考央音的古筝九级,没有通过。我艰难地告诉女儿这个消息,女儿的眼泪一下子夺眶而出。我抱着女儿,和她一起痛痛快快哭了一场。女儿是为失败哭泣,我却是为心疼她而哭。冷静下来,我知道这也是一个好的教育时机。抱着女儿,我告诉她:“宝贝,生活并不是处处阳光明媚,也有荆棘苦难。失败并不可怕,可怕的是失去面对失败的勇气。当你勇敢地面对它,并且努力迈过这个坎时,你再回头看它,你会发现原来它根本不值一提。”

很长一段时间,女儿不允许我们谈起这件事,她逃避也抗拒着。我默默地给予女儿最大的理解。后来有一次,女儿的语文老师布置作文《记难忘的一件事》,女儿终于敞开心扉,描述了自己的这段心路历程。我很高兴,为她终于勇敢地战胜自我直面失败。

挫折和失败,何尝不是孩子人生路上不可或缺的体验。后来很多次,女儿和我念叨:“妈妈,有了那一次那么痛的经历,现在遇到的一些不如意真的都不值一提!”

琴筝悠悠,连接了我与女儿最深厚的母女情,感谢筝,让我陪伴女儿一起成长!

做一个"偷懒"的家长

张家港市南沙中学 李永健

也许是独生子女的缘故吧，我对女儿也是百般宠爱。

自从有了女儿，我就觉得自己的成熟有了更加充分的理由——我是一位父亲！于是，有个问题总会时不时地骚扰我一下：做一个怎样的父亲？然而，还没等我把这个问题想清楚，女儿已经毫无商量地一天天长大了。如今，只有看到大学放假回来的女儿，才会偶尔想起有个问题似乎还没弄明白。

可我实在找不出更多的褒义词来自我标榜，因为，我是一个很会"偷懒"的父亲！二十年来，好像没有为女儿牵肠挂肚、着急上火的时候。每每看到同事、朋友、家长们纠结于孩子各种各样的问题，不免滋生些许自得，些许庆幸。自女儿从读书时起，作为父亲，我所做的无非是每天陪着孩子步行、吃饭、看书以及嬉戏。日子风轻云淡，生活波澜不惊，没有感人肺腑的教育故事，也没有催人泪下的情感往事，仅有的几个小故事还得追溯到女儿的孩提时代。

有空的时候，我习惯从书架上抽出一本书，然后泡上一杯茶，摆出最舒适的姿势，享受一段宁静惬意的时光。女儿还在咿呀学语的时候，就对我手中书的高度好奇，常常费了老大力气爬到我腿上，小脑袋从我怀中钻出来，非要瞅一瞅我打开的书，然后不明所以地想要占有它。几次三番的努力后，最终也去拿了一本书，装模作样地乱翻一气，很快就兴味索然地丢在一边，继续关注我手中的书。我想，那时的小宝贝一定在怀疑,我拿着的必是天底下最好看的东西,不然不会这么津津有味,乐此不疲。直至女儿有了一大堆自己的画报,才把这种猜忌和嫉妒稍稍收敛,反复“研读”自己的画报,还会故意大声地自言自语,强烈地表示着她看的也是一本好书!即便如此,女儿对我看的书依然满是憧憬。终于有一天,嚷嚷着要我把看到的东西讲给她听,才算释怀。

三四岁时,女儿对书的喜爱几乎达到了狂热的地步,对文字的好感也与日俱增;六七岁时,老师推荐她每天为全班同学读报;十二岁时,已经读完几十部青少年版的中外名著。每到她的生日,她最喜欢的礼物就是新书,于是我们之间有了一个不成文的约定:6 岁生日买 6 本书,7 岁生日买 7 本书……当然,2 本是她自己挑选的,其余的书我来推荐。日子就这么一天天地过去了,在我眼中,小女似乎一直就是那个文静内敛还有点俏皮的女儿,直到我看过女儿中考前夕写下的《命若琴弦》和高考前夕的《南方有佳人》,才突然意识到女儿的思想居然成熟得如此之快。而我这个做语文老师的父亲,似乎啥也没有做,甚至都没有教过女儿:文章应该怎么写!

也许是本职工作的缘故,相对于学习,我更关注女儿的品质。有趣的是,似乎每个孩子一生下来就有着撒谎的本能,女儿也不例外。对于懵懂时期稚气十足而又无伤大雅的掩饰,我通常是一笑了之,唯有女儿五岁那年我不再原谅,因为那次触及了诚实的底线。

那天,妻子不经意间提及女儿的书包里有很多小玩意儿,不知道是哪来的。我听了心里一沉:里面肯定有事!询问之下,女儿支支吾吾,说是班里的小伙伴们送给她的。显然是在说谎!我意识到,这次如果不能让孩子说实话,对孩子今后的影响也许是一辈子的。冷静之后,我想到女儿很要面子,这是最好的突破口。我故意对妻子说:“明天我就去学校,问问是哪些人送了这么多小玩具,以便回请,咱可不能白拿人家的东西,交朋友是讲究礼尚往来的。”女儿愣住了,她可不想成为老师和同学们的笑料!最终下定决心,说了实话。原来这些东西都是在学校对面的小店里买的,钱是自己在床头柜里取的。妻子松了一口气,教育几句后忙不迭地安慰起女儿来,还使着眼色让我不要再呵斥了。而我分明感觉到远没有达到预期的效果。于是,我问女儿为什么爸爸今天很生气。经过启发,女儿逐渐总结出几个原因:不经同意擅自取钱购物是一错,买东西没有节制造成浪费是二错,没有实话实说是三错。知道错误还不够,犯错就要付出代价,这个意识得让女儿自小牢记。鉴于女儿特别喜欢肯德基,我的惩罚是:五次不得吃肯德基。以后的一段时间,每去市区就一定会带女儿经过肯德基门口,并且坚决不许迈进肯德基的大门。有一次刚出门,女儿在楼梯口吊着妈妈的脖子说了一句悄悄话,妻子偷偷告诉我,女儿轻声说了四个字:“第五次了。”我顿时释然,因为我知道,女儿永远不会忘记这次的教训。事实如此,从此以后,女儿不曾说过一次谎,也没浪费一次钱。

诸如此类的小事儿不想赘述了。总之,女儿之后的读书生活和成长道路并没有太多让我烦心的事儿,她就是喜欢挽着老爸的胳膊无话不谈,就这么轻松拿取了三十多次第一名。而我,也就心安理得地做一个懒得多管的父亲。

家长朋友们,您说呢?

信任和尊重，孩子最珍贵的财富

张家港市家庭教育服务中心 陶群超

放学后，爸爸为“小龙包”买了一个新鱼缸。在欢呼雀跃中，他们装好了鱼缸。在吃饭前，完成了数学和语文作业。

原本吃完晚饭，只要完成英语，想着就能和他下楼一起运动，一起聊天一起玩耍，想着就特别美好。结果，事情就在小朋友做英语的时候发生了。

英语老师要求小朋友，要把英语画刊上的词语积累写下来。我一向懒惰，都让他自己完成。当他写到 belly 这个词语的时候，我发现他的“l”书写错误。于是我严肃指出了他的错误。结果“小龙包”不但没有接受，还红着脸瞪着眼气呼呼地说：“妈妈你是不对的，我这个字母就是这样写的，我写的才是正确的。”可能当了语文老师兼班主任 12 年的缘故，我坚持认为我写的才是对的。

“你是语文老师，你说的英语没有权威性！”

“妈妈好歹也是知识分子，难道一个字母也不会写吗？”

“老师就是这么写的！我不改！”

“你肯定看错了，要是问蔡老师你错了就罚抄！”

“好，我错了 10 遍，你错了 50 遍。”

“好，错了就抄，你到时别耍赖！”

我气得不理他，独自来到床上，结果小朋友还不依不饶过来，红着眼睛对我说：“妈妈我说说你的缺点啊，你太啰唆了，太固执。”

我简直气晕了,冷冷地说:“今天你不要跟妈妈说话了,等我们彼此不生气了再沟通吧!”

在冷战中“小龙包”就这样睡觉去了,在冷战中我也等来了英语蔡老师的回复:小龙包的写法是正确的,你的那种写法已经是之前的了,早就不这样写了。瞬间我的内心大呼完了,我急着跟老公说:“原来真是我错了,我为什么不相信他呢?”一种内疚的感觉猛地涌上心头,想着赶紧去给儿子道歉,结果孩子已经睡着了,床案的微光中,一本打开的日记本,上面孤零零地躺着几个字:今天我和妈妈吵了一架。

不知道孩子是以怎么样的心情入睡的?后悔已经没有用了,我得赶紧补救。我急冲冲地拿出白纸,先去把50遍给抄了并留下了一行字:对不起,妈妈应该相信宝贝,你给我提出的缺点我一定改正。微光中,我把道歉信放在了孩子的日记本上,并俯身轻轻亲吻了我的宝贝,妈妈是爱你的。

我们总以爱的名义,高高在上,而我自己身上太多“教师”的姿态,少了妈妈的角色;对他也少了一份信任和尊重,多了一份责备和冷漠。的确,爸妈对孩子的肯定和信任,才是孩子的底气!每个人都需要肯定,何况是孩子!新的学习征程中,我的宝贝必须有底气,而这底气,就是肯定相信他的正确方向;肯定相信他有向上的状态;肯定相信他的坚持和毅力。

作为家长的自己,我也要用自己的言行,为孩子打上人生最鲜亮的底色。给予信任和尊重,强而有力的内心,是赠送给孩子最珍贵的财富。

家庭教育之润物细无声

张家港市实验小学(东校区) 陈浩宇

每学期学校都会召开家长会让老师与学生的家长进行沟通交流,在家长会上很多老师都发现了这样一个“有趣”的现象:

当任课老师在讲解班级情况时,家长的听讲情况可分为三种类型:第一种类型的家长总是听得特别认真,眼睛紧紧地盯着老师,生怕错过老师讲的内容,还把老师讲的要点和方法记录下来;第二种类型的家长则是在摆弄自己的手指甲,摆弄手机;第三种家长他们或是看着窗外,或是小声地接打电话……

如果把家长和他们的孩子平时在校的表现对应起来,就会发现第一种类型的家长,他们的孩子大多听课习惯比较好,成绩较优异;第二种家长的孩子,上课时而会开小差看窗外,或是摆弄手中的文具;第三种家长的孩子上课集中注意力的时间非常的短,大部分时间都沉浸在自己的世界里。

这种现象并不能完全说明,孩子的成绩百分百取决于父母,但不可否认父母总有一些行为会被投射到孩子身上。要知道童年时期的孩子模仿力极强,父母在孩子面前的一言一行他都可能完整地复制下来,在潜移默化中影响着孩子的一生。

父母是孩子的第一任老师,家庭教育在一个人的成长过程中起着非常关键的作用。怎么教育孩子学会做人、如何培养他的勇敢精神、责任感等品质?很多时候父母跟他们讲道理,但对于孩子来说实在太空泛和太遥远。这时候，只有父母能以身作则，孩子才能真正去理解或说受影响。其实，真正的教育过程开始于一个人的出生并持续终身，对人产生持久而深刻的变化。美国的教育家杜威说：“教育即生活。”

还记得我小学一年级的时候，每个周日都要和妈妈乘公共汽车去市里的少年宫学习电子琴。那时候的公共汽车是小巴，车内空间特别小，座位很少但人还特别很多，车里总弥漫着一股难闻的气味。售票员阿姨看我妈妈带着我，身上还背着一个大大的电子琴，就把她的座位让给了我，几次下来都是如此。当时的我在心里认为，我是小孩，大人们给我让座是理所当然的，我坐在座位上，一会儿碰碰这个，一会儿摸摸那个，还把窗户开得很大。这时后面的一个叔叔就说：“小朋友你能不能不要把窗户开得这么大，风太大了。”我一听就生气了，我是小孩他凭什么不让着我，于是我转过身去对着叔叔就骂了一句：“你神经病啊！”话音刚落，我的脑袋上就被妈妈拍了一下，我手捂着脑袋，眼眶含着泪一脸委屈地看着妈妈，不敢大声地哭，只是小声地抽噎。妈妈没有理我，而对着后面的叔叔弯腰道歉：“对不起，是我没有管教好孩子，真的对不起。”叔叔摆摆手，示意没事。

看着妈妈道歉，我很震惊，叔叔不让我开窗户，我骂他，妈妈为什么要道歉呢？我做错了吗？接着妈妈让我起来，站在她座位的边上，身上背着跟自己差不多高的琴，为了不让自己摔倒，手上还紧紧地扶着座位。妈妈轻声地问我：“累吗？”我点点头。“你本来就只能这样乘车，一路站到目的地，售票员阿姨好心所以才让给你座位，如果她不让，她也没有错。你要知道世界上并不是每个人都要让着你，宠着你的。你想今天的行为，就是因为叔叔阻止了你开窗户，没有按照你的心意，你就可以骂人吗？你这样对吗？”“不对，妈妈，我不该骂人。”“好，去和叔叔道歉。”“妈妈，我不敢。”“妈妈跟你一起去。”我拉着妈妈的手，在妈妈的陪同下向这位叔叔道了歉，叔叔也接受了我的道歉。但那天妈妈还是让我背着琴一路站到了少年宫，为的就是让我记住：世界上没有要必须对你好的人，遇到帮助你的人一定要学会感恩，并且礼貌地对待任何一个人！

这件事情过去很多很多年了，但我一直印象深刻，我从妈妈身上学到了感恩学会了尊重别人，从此之后我再也没有在公共场所“犯浑”。记得前一阵有则报道说：妈妈带着一个小朋友乘地铁，小朋友拿着酸奶在车厢里跳来跳去，妈妈让他坐好，不听，结果摔跤了酸奶洒得到处都是。孩子吓到了哭起来，要让妈妈抱抱，妈妈说抱抱就不哭。孩子马上就不哭了。接着妈妈从包里拿出纸巾和垃圾袋，让小朋友自己擦干净，等小朋友擦干净之后，又和小朋友分析刚才的行为，等小朋友给周围的人道歉后，妈妈才把小朋友抱起来，亲了他一口。我想，这个孩子是幸运的，他拥有一个好妈妈。如果换个妈妈，认为我的孩子还小，他泼了酸奶是正常的，这孩子就会成成为一个令人讨厌的“熊孩子”。

母亲，是陪伴孩子最多的人。当孩子住进你身体子宫那一刻，你就与他同呼吸，一直到呱呱坠地，每时每刻都与孩子在一起。母亲的言行举止直接成为孩子的模仿对象。因此，父母的一言一行如果是得体的，那么你的孩子将是最直接的受益者。这就是润物细无声的家庭教育，也是一种潜移默化的且充满力量的无形教育。

从“心”做个好奶奶

张家港市少年宫　季素华

“推动世界的手是摇摇篮的手。”自从我2018年认识了62岁的张姐后，更能深刻理解了这句话的含义了。

“张姐”是她所有朋友都喜欢叫她的称呼。一声“姐”，意味着有慈母般的爱在里头，有许多的宽容、接纳、尊重和理解在里头，更是可以倾诉和依靠的信任在里头。在一年多的交往中，最让我敬佩的是她在家庭中智慧角色的定位，她用让人钦佩的人格魅力和智慧营造了幸福美满的家庭和优秀的第三代。

好婆婆胜过好妈妈

世界上最重要的关系是夫妻关系，但最难处好的关系也许就是婆媳关系了。可张姐这位婆婆的做法，不得不令人折服。先讲第一个小故事。媳妇刚进门的第三天，一家人一起吃晚饭，张姐就对小两口说：“妈妈希望，也相信你们能相亲相爱。但是我作为过来之人，知道小夫妻俩难免会发生矛盾，闹别扭，我肯定站媳妇这边。”儿子说，如果丽丽错了呢，“我还是站媳妇一边。因为家是讲爱的地方，不是讲理的地方，我也在你爸面前撒娇的，经常不讲理的。”全家人会心地相视而笑，这笑里满是宽容和幸福。

第二个小故事是，张姐去社区听了家庭教育的课，听到了关于日本家庭教育的故事，感触很深，心想一定要把这观念讲给儿子和儿媳妇听。于是瞧了个适时的机会(老公不在家)，和小夫妻俩讲起故事来了:日本是个讲究传统教育的国家。有位中国教授去日本做家庭教育研究,做了一个问卷调查,问:当老婆和老妈同时掉进河里时,先救谁?儿子回答:当然先救离自己近的呀!(所有的男人绝不会当着媳妇面说先救妈的)“需要回答的是观念上的事,而不是方法。”张姐说。小夫妻俩都沉默不语,不知道今天妈的葫芦里卖的什么药,都不敢吱声。张姐却非常爽朗地公布答案:“日本百分之九十回答先救老婆,因为,先救老婆,这个家才能传承,我也非常赞同这个答案!”此时无声胜有声,儿子儿媳妇同时打破沉默说:“妈,你真伟大!”这下轮到张姐会心地笑了,笑得无比灿烂。

张姐的智慧和胸怀能不让家幸福满满吗?好婆婆胜过好妈妈,婆婆用智慧的爱培养家庭接班人!

好奶奶胜过好老师

教育孩子最好的方法就是精心地陪伴。张姐带大的孙女已经 4 岁了。谈起小孙女,张姐藏不住笑容和喜悦。因为,小孙女的懂事,也可以说是良好的习惯人见人爱,要不是我的亲身经历,真不敢相信小孙女有多懂事。去年 5 月的一天上午,应张姐邀请到她家去学美食。当时,小孙女班级有手足口病的孩子,整个班级放假了,就在家看电视。我们几个大人在厨房“小美锅”里做美食,每当做完一样美食就激动得叽叽喳喳,连续几次。小妹妹忍不住地过来轻轻地说:奶奶能轻点讲话吗?我听不见动画片的声音了。顿时我们大人的脸霎时个个通红,4 岁的女孩知道公共场合不影响他人,而我们却目中无孩子。这事给我的印象太深刻了,这个小小的举动是张姐良好家教的真实体现。

还有一个餐桌上的礼仪，被小女孩的文明举动而竖起大拇指。有一次我们一起吃晚饭，大人似乎礼貌，都说宝宝喜欢吃什么，我们夹你吃。可张姐笑着说：宝宝谢谢奶奶们，自己的事情自己做。小孙女甜甜地说：谢谢奶奶们，你们吃。好可爱好懂事呀，奶奶们不由得竖起大拇指！让我们见证到的是小孙女想吃的菜，要等转盘转到前面才叫奶奶夹菜，奶奶多夹了几筷，小孙女说少点，吃不完的，不能浪费粮食。到中途吃饱了，就悄悄地在奶奶耳边说：我想玩。奶奶点点头，宝宝就在旁边自个玩了。真是好奶奶胜过好老师！

好家庭胜过好学校

张姐是一个非常爱学习的优秀奶奶。退休的她常说，一天不学习就会落后，就无法适应快速发展的社会，就无法和孩子交流，人一定要生活在积极向上的环境和氛围中。因此，张姐的生活是丰富多彩的，白天参加美食会、旗袍秀、市合唱团，学习非洲鼓等。特别是爱读书的习惯给小孙女起了示范榜样作用。在小孙女没上幼儿园时，张姐会经常带上干粮，和宝宝到梁丰生态园的小木屋看书，一待就是一天，所以小孙女从小就养成了爱看书的习惯。我们都夸张姐会教育，张姐感慨地说：做父母要有责任，做合格奶奶也要有责任的。虽然父母是教育孩子的主角，我们更要当好配角，家庭无小事，处处要育人，从“心”做个好奶奶才无愧于时代和家庭。张姐真是我们学习的楷模！

我们投入地做家庭教育宣讲活动，唤醒社会、唤醒父母、唤醒爷爷奶奶们，为了祖国和孩子美好的明天一起加油！

亲子共成长 结出丰硕果

张家港市实验小学(东校区) 范丽芳

2019 年 3 月 8 日,门卫送来一篮灿烂的花和一封神秘的信,我满怀好奇地打开它,熟悉的字迹映入眼帘:尊敬的范老师,祝您女神节快乐!感恩您这位女神的点拨,我开始了与孩子共同成长的美妙之旅,如今初有小成,衷心感谢您!——晨晨妈

顿时,初识晨晨妈的一幕记忆犹新。

"受害者"转为"成长者"。

"什么?晨晨也要写反思?!"晨晨妈瞪大眼睛,疑惑地问我。我温和地拍了拍晨晨妈的肩膀,肯定地说:"是的,不要着急,你坐下来等一等。"

晨晨妈本是来向我"告状"的:上周的体育课上,晨晨买文具后找的零钱掉出了口袋,被小君和小毛见到后,以私带零钱的理由"敲诈"去 10 元和 15 元。一周后,小君和小毛又以两人的钱不同样多为由,再一次向晨晨要钱,被晨晨妈得知,赶紧来向我这个班主任反映情况。出乎她意料的是,我这个班主任竟"眉毛胡子一把抓",三个孩子都得写反思!

经过一番抓耳挠腮,晨晨按照我的要求写完了反思。"晨晨妈,咱们一起来看看吧!"我邀请她一起看晨晨的反思日记:要是下次再碰到类似的事情,我可以:一、马上向正在上课的老师报告;二、可以下了课告诉班主任范老师;三、可以回家告诉爸爸妈妈;四、可以告诉当天的值日班长;五、可以跟好朋友小乐商量商量;六、直接拒绝他们,让他们告诉老师去……

“晨晨妈，看到了吧，孩子竟然能罗列出这么多不同的对策。假如下次再碰到被敲诈的情况，随便选择其中的任何一条，敲诈这一件事都无法获得成功，晨晨也会从这一件事情当中获得成长。很多时候，不要只看到事情给我们带来的‘坏处’，我们尽量要把‘坏事’变为一种机遇、一个挑战、一次成长，这样，孩子才能从生活事件中增长智慧，获得真正的成长。”晨晨妈若有所思，感激地说：“范老师，你这个方法真好！以前，我每次都只会抱怨孩子太忠厚，老被别人欺负，但从没有什么改变。要是下次孩子遇到事情，我也要这样来跟孩子讨论。”

一旦家长的思维模式发生改变，处理事情的方式随之改变，孩子当然就会相应发生变化。

“护崽的母鸡”成为“驯鹰能手”

“不要着急，让我们一起来看看，这件事情还可以怎么处理？我们每人提出三种设想！”这成为晨晨妈在家里的口头禅。

小升初的时候，晨晨考常青藤实验初中差了三分，是去读施教区初中的重点班，还是出点赞助费进常青藤实验初中？在全家人非常纠结的时候，晨晨妈建议。一家三口经过一番思考，各自将设想讲了出来：第一，花钱去常青藤实验初中，学校氛围不一样，就是费用贵点；第二，读施教区初中的重点班，师资力量也同样不弱；第三，去常青藤实验初中，高投入才有高产出；第四，读施教区初中的重点班，只要有目标有规划，将来也能考取梁丰高中……

“不要轻易决定，一旦决定了，就要对自己的决定负责！”妈妈叮嘱晨晨。到底选哪个“金点子”自然由晨晨决定，因为一家人几乎已经把所有的可能性罗列出来了。晨晨考虑再三,决定去施教区初中的重点班。

“初中的长期目标是什么?近一个月的短期目标又是什么?我们把各自的想法讲出来讨论讨论!”

“这次月考退步的主要原因是什么?我们可以从哪些方面来改进?”

“有喜欢的女同学是好事情,那么怎么交往比较合适?”

“无论是学习、交友还是其他问题,我们全家都是各自提出设想,一家人心平气和、竭尽全力商量,孩子的事情最终让孩子自己决定。提出假设共同商量,不抱怨他人、不推卸责任成了我们家成功的法宝”,晨晨妈妈总结道。

“焦虑妈妈”蜕变为“典范妈妈”

光阴荏苒,仿佛转瞬间,当年那个胆小懦弱的小男孩已经是一位东南大学的学生会干事了,那个护犊心切焦虑不安的妈妈也早已晋升她们单位的财务科长了。

那么,这个家庭成功的密码是什么呢?我觉得根源还是在于妈妈善于学习,坚持与孩子共同成长。

妈妈们忙工作忙家务忙着教育孩子,为孩子花时间花精力花费金钱,但绝大多数从没有想过要改变自己,光想着怎样去改变孩子?而“原件”不变,“复印件”又岂会发生改变?

晨晨妈从生活中的一件平凡小事中得到启发,改变原本指责、灌输式的教育方法,遇到事情,家庭成员间平等商讨、不抱怨、不推卸责任,广开言路、集思广益,踏踏实实地下好生活中的每一步棋,最终成为家庭成长的赢家。

投身公益快乐多，亲子携手共成长

张家港市网格化联动中心 姚雪明

春日，一个周日的清晨，阳光明媚，8 岁的萱萱早早地起了床，洗漱完毕后，给自己挑选了一套干净整洁的衣服，温习了一下她前一晚准备的朗诵，蹦蹦跳跳的跟我出门了。今天她要做的是去看望一名 86 岁的抗美援朝老兵，准备的朗诵是要表演给老兵看的。

“祖国带给我们的，却是作为主人应有的一切，包括尊严……”

饱含深情加上坚定的手势动作，让老兵情不自禁地鼓起掌来。在老兵的表扬下，萱萱显得非常高兴，主动坐到老兵身边，认真聆听老兵对她朗诵的点评。这是萱萱在参加“关爱参战老兵”公益活动中的一个画面。项目需要我与萱萱每一个月看望一次老兵，为了让老兵快乐，萱萱每次都会提前做一些准备，朗诵、舞蹈、手工制作的小礼物……每一次的活动让萱萱变得更加自信，更加理解人，更加懂得怎么去与人交流。

苏联教育家苏霍姆林斯基在他的《德育原理》中指出：“和谐全面发展的核心是高尚的道德。”在实践的过程中，我发现通过公益活动可以不断提升孩子的道德水平。为此从萱萱 4 岁起，我便开始带在身边从事一些力所能及的公益活动，在四年的公益之路上，我们收获了快乐，也收获了成长。

在一次一次的活动中，我们增进了亲子关系。在老年公寓，我与萱萱一同推着轮椅与服务对象交流，老人们看到萱萱特别高兴，每一次都会表扬萱萱,还会从口袋里掏出糖果给萱萱。曾经有一次我问萱萱:"当我老了,走不动了,你也会推轮椅出去走走吗?"萱萱毫不犹豫地回答:"当然会啊,你看我现在推轮椅就推得很好呢!你就放心吧!"听到这样的回答,我露出了欣慰的笑容,因为这一刻我知道尊老爱老的种子已经在她心中种下了。

2018 年年底,得知困境儿童中心帮扶的一位 9 岁小男孩过年的心愿是洗一次澡。我跟萱萱商量,"爸爸想带这位小男孩去洗澡"。萱萱疑惑地问:"难道他家不能洗澡吗?"我很认真地跟萱萱说:"在我们身边还有一些孩子由于各种原因,生活过得很困难。"听完我的解释,萱萱似乎明白了一些,突然到她书桌旁整理了一些全新的学习用品,让我转给哥哥,还关照我一定要好好地帮哥哥洗个热水澡。在我为我对接的贵州沿河一所农村小学的孩子挑选书桌的时候,萱萱看了他们之前的书桌,仔细叮嘱我一定要给他们挑选坐着舒服,款式新颖的书桌。在萱萱的建议下,我给学校的孩子挑选了 32 套舒适、坚固的书桌。当我将校长的反馈告诉萱萱的时候,萱萱自豪地跟我说:"还是我的眼光好吧!"很平常的两个活动让萱萱对社会有了一个新的认识,她知道这个世界上还有很多人生活在困难之中,也让萱萱更懂得了珍惜现在的幸福生活。

不光是萱萱在公益活动中得到了成长,我也在公益活动中收获了很多, 几年的公益活动我逐渐成长为学校及公益组织中的中坚力量。在公益活动过程中我学会了如何用爱去与人沟通,如何利用专业技能服务好不同的群体,同时将我所学的的心理学理论知识运用到公益服务实践中。为了规范公益服务,我与志愿者协会及各公益组织共同开发志愿服务培训课程,近万名志愿者接受了培训。在不断的培训与服务中,我的专业能力与教学水平也有了很大的提高,在学生中的威信也不断提高,得到了学生的认可。是公益活动让我离一位好老师、好父亲、好丈夫、好儿女的标准越来越近了,让我的生活也越来越美好。

近日江苏出台的《江苏省家庭教育促进条例(草案修改稿)》中对“家庭教育”概念进行了界定:是指父母或者其他监护人以及有监护能力的家庭成员通过言传身教和生活实践，对未成年人进行的教育、引导和积极影响。《条例(草案修改稿)》提出,父母或者其他监护人应当针对未成年人不同年龄段的特点,适时开展理想信念、爱国主义、社会责任、道德修养、行为规范、文明礼仪、生命安全、身心健康、生活技能、知识见识等方面的教育,引导未成年人养成优良品德、健全人格、劳动精神和良好行为习惯。社会公益活动作为一种直接服务于社会和公众的活动,涵盖了条例中提出的大部分教育。亲子参加,更加能体现出言传身教,是一种培养孩子优秀品德的良好途径。

带着您的孩子一起加入公益行列吧！相信不久的将来,美好的故事也会发生在你们身边。

转变，从相信孩子开始

张家港市港区初级中学 周静娟

"望子成龙、望女成凤"是我们每一个家长的愿望，然而在成龙成凤的道路上却是充满了种种艰辛。我家老大刚刚过完 18 岁生日，祝贺他长大成人的同时和他一起回顾了他成长的点滴，回头再看他的成长之路，曾经那个成日调皮捣蛋、惹是生非的熊孩子早已蜕变为贴心懂事、成绩优秀的暖男了。这样华丽的转变是从相信孩子开始。

老大作为长孙从小就特别受到爷爷奶奶的宠爱，我这个菜鸟妈妈也不懂如何去科学地教育他，遇到做错事了，责骂和惩罚成了常用的方法。就这样老大成了一个让家长、让老师都不省心的孩子，特别是进入小学高年级后，班主任基本每月都要电话我，孩子的种种表现让我这个当妈的头疼不已。责骂早已无济于事了，我开始急着去寻找教育孩子的方法。有幸参加了 2012 年的张家港市心理教师培训，老师们的课给了我很多启发。要教育好孩子必须要懂得孩子，相信孩子。父母是孩子最重要的依靠和安全感，如果父母都不相信自己的孩子，那么还有谁相信？深以为然！

还记得那时候老大刚刚读六年级，班主任电话我，说孩子在学校打架，而且她也劝不住，这孩子是不是有暴力倾向，让我赶紧来学校。接到电话的我心情开始低落起来，但参加心理学培训后的我再也不像从前一样焦虑急躁了。在开车从港区赶去市区学校的路上想了很多，是不是孩子真的如老师说的那样不堪，性情暴躁？不，我相信老大本性善良,和同学打架一定是事出有因的。无论情况怎么样,作为妈妈都要相信孩子,多听听孩子的心声。

收拾好心情来到学校,一眼就看到犟着头的老大站在办公室,一脸不认输的表情。我先和班主任做了简单的交流,得到班主任同意后,我带着他来到了隔壁的空教室,轻声地说:“澄澄,虽然老师说你今天犯了很大的错误,但妈妈相信你一定不是故意的,而且现在的你也一定有些后悔。你愿意和妈妈说说你的委屈吗?”

这时我看到老大的眼中闪过一丝诧异,但还是不太愿意向我靠近,我轻轻地摸了摸他的头,温和地看着他继续说:“妈妈相信你是个善良的孩子,平时你都舍不得伤害小动物,更何况伤害同学呢?澄澄,告诉妈妈,妈妈相信你说的话。”

孩子看着我,低下了刚刚犟着的头,一下子哭了,断断续续地开始和我说了缘由。本来只是和同学互扔纸团玩,没想到同学居然扔了他的铅笔盒,而且还把新买的眼镜弄坏了,这下他就急了,于是就冲动地打了起来。

我抱了抱小声抽噎的老大,继续说道:“澄澄,妈妈知道你爱惜自己的东西,但这不能成为伤害他人的理由,要记得东西坏了可以修,但把人打伤了可就是大事了。”老大点点头。我继续说:“澄澄,你现在已经六年级了,马上就要成为中学生了,应该越来越懂事了。你知道人真正的长大从什么时候开始吗?就是从懂得控制自己的情绪开始。还记得华盛顿小时候生气钉钉子的故事吗?”

“记得的,后来他慢慢地改正了坏脾气,钉子都拔了。”

“是的，华盛顿改掉了坏脾气，懂得控制自己的情绪，后来还成为了美国的国父。妈妈不要求你有多优秀，但希望你能成为受欢迎的人。妈妈相信你一定可以的，对吗？”

“嗯，我也相信我能的。”老大认真地看着我说。

“好的，澄澄，妈妈其实和你一样也有一些不好的习惯，我们约定一起改变，好吗？”

为了帮助老大能真正改掉一些坏习惯，我们还一起制定了家庭公约，每天都会和孩子一起总结哪些方面表现得好，哪些要加强。慢慢地老大真的开始改变，不再轻易发脾气了，班主任的电话也渐渐少了，到后来再和老师联系的时候，听到更多的是对孩子的表扬。在小学毕业典礼上，老大还作为优秀毕业生代表发言了。

看着孩子这一系列的转变，我再次感受到相信的力量。教育孩子的时候，父母首先要相信孩子，放低自己的身段，不要在孩子面前逞强，有时候甚至要示弱。教育孩子靠悟性，而悟性来源于不断学习，才能够真正懂得如何巧妙地教育孩子，而不伤害孩子。对于教育孩子，我还想说一句：知道没有力量，相信才有力量！相信孩子，相信自己，我们和孩子的未来才会真正美好！

育儿细无声

张家港市中兴小学　凌国芬

孩子是父母生命的延续，也是父母的希望之所在。孩子也是祖国的未来，是国家的栋梁。父母生下孩子就有“育”的义务和本能。每一位做父母的给予孩子生命，更要教给孩子成长和发展的技能和本领。父母是孩子的第一位老师，也是孩子做人的楷模。给大家分享两个我育儿过程中的小故事：

故事一：一箱牛奶背后的故事

记得在儿子上小学二年级的时候，一个双休日，因为爱人上班不在家，我正好去学校加班，儿子一个人在家。同住一个小区的孩子姑姑怕他没午饭吃，就叫他去她家吃饭。下午我回家后接到了孩子姑姑的电话，她告诉我，儿子今天去她家吃饭，还带了一箱牛奶过去。问他到姑姑家吃饭为啥还要带牛奶？他说平时跟爸爸妈妈一起到别的叔叔阿姨家吃饭，看到爸爸妈妈都要带礼物去的啊，所以到姑姑家吃饭也要带礼物的。孩子姑姑直夸儿子是个懂事的好孩子！

听到孩子姑姑的这番话，我感触特别深刻。一箱牛奶并不是贵重的东西，但却透露着孩子的懂事理。其实我们做父母的也没想到，平时自己习惯性的举动会对孩子的影响有这么深。在我们看来，到朋友家吃饭带礼物是一种礼仪之举，所以一般我们都不会空手去朋友家吃饭的，而且还会无意识地让孩子帮忙拿他力所能及的东西。没想到，正是这无意之举,在无形中给了孩子榜样的作用。

故事二:由一盒麻花引发的故事

每年暑假我爱人都要带我和儿子去自驾游，带儿子赏当地的美景,品当地的美食,了解当地的文化,拓宽儿子的眼界。回来时,我们的车上总是装满了当地的特产,回来送给亲戚朋友和长辈。

有一年暑假,上小学三年级的儿子参加的新闻学校小记者班组织他们开展北京夏令营活动,还带着他们到天津走了一圈。儿子电话中兴奋地告诉我说天津的狗不理包子特别好吃，他要买回来给我们吃，还要给我们买有名的天津十八街麻花。我很感动,告诉他既然喜欢吃狗不理包子就多吃点,不要买回来了,因为天太热,坏了就不好了,真要买就买一盒麻花可以了。儿子答应了。

晚上 12 点,我接到了儿子的电话,当时心里一惊,这么晚打电话不知出了什么事?一问才知道,原来他遇到为难的事了。刚开始老师统计买麻花的时候,儿子的好朋友没想到要买,可看到伙伴们都买了麻花带回家,也想要买了,可是他们已经上车了,不好意思让老师再去买了,便跟我儿子商量,把麻花让给他。这下我儿子为难了,想让给他,可又失信于我们;不让给他,又怕好朋友伤心。不过最后他还是把这盒麻花给了好朋友。他对我们的歉疚一直纠结到凌晨零点,终于忍不住打电话告诉我了。

我感动于儿子的细心和孝心，更感受到他对同学的那份难能可贵的谦让心。我首先肯定了他的懂事,告诉他:爸爸妈妈已经收到你的心意啦。你能想到把麻花让给同学说明你长大了。你能懂得谦让，爸爸妈妈的心里比吃了麻花还高兴呢，我们为你自豪！我相信，谦让，一定可以让儿子收获更多的友谊和快乐。

如今，儿子已经进入大学开始他的大学生涯了，一些从小养成的好品质将会陪伴他的一生。虽然他不在我们身边了，但儿子成长过程中的一幕幕常在我眼前闪现。

家庭教育中的一个个小故事，有欢笑也有伤心，有欣慰也有愤怒，但更多的是思考。作为一名教育工作者，特别是家庭教育指导师，我深深地感受到良好的家庭氛围和学习氛围对于孩子的性格培养和良好学习习惯的养成至关重要。

古人云：近朱者赤，近墨者黑。家庭教育对孩子的影响最为深刻。父母是孩子最亲近的人，接触的时间最长，孩子们耳濡目染，父母的一言一行、一举一动都在潜移默化地影响着孩子。所以，父母的教育往往在孩子心灵上起着决定性作用。家庭有上进的氛围，对孩子的教育可以起到潜移默化的良好效果，可达到“育人细无声”之境界。

我的爸爸是"熊爸爸"

张家港市南丰幼儿园 李敏

那天是七夕节,我和女儿正准备午睡。突然被门口"窸窸窣窣"的声音吸引了过去,女儿也好奇地向门外看,只见房门慢慢开出条缝,先是露出了一个黑黑的眼睛。慢慢把门开得越来越大,露出了一个大大的熊脸。门口的"大熊"见我们发现了它,它就开始摇头晃脑,跳起舞来。女儿开心地从空调被里蹦了出来。大熊走进来伸出两只手,递给我俩礼物盒。女儿看到这么大的熊又惊喜又有点害怕,不敢伸手去接礼物。我不由得笑了,这个搞怪爸爸怎么搞这个玩意了。这时大熊才出声了:"快拿礼物呀!我是你的爸爸。"女儿一听到熟悉的声音,直接从床上跳到了"大熊"的身上,"大熊"抱着她连转三个圈。女儿高兴地喊道,我的爸爸是熊爸爸!熊爸爸!玩了一会,本来就很胖的珩爸热得吃不消了,大夏天的穿着这厚厚的熊衣服,能不热吗?珩爸摘下大熊的头套,露出了脑袋。女儿在他冒汗的脸蛋上连亲几口。接着问道:"爸爸,你以后能不能穿着这衣服去我的幼儿园呀!"珩爸回答道:"必须啊!"可以想象女儿是有多么的开心。

到了11月份,学校要开亲子运动会了,女儿受邀代表小班亲子运动员发言。临近开运动会的几天,女儿有点焦虑起来了,轻轻地告诉我,不想上去发言。我对她说:"你已经讲得很好了,运动会那天你只管去,只要能够站上去,就已经很棒了。"女儿想了想,但还是摇摇头。爸爸凑了过来:"哎呀,这可怎么办,'熊爸爸'还想去听小运动员代表讲话呢。”女儿立马问道:“爸爸,你是要当我的熊爸爸吗?会和我一起参加比赛吗?”珩爸说:“会呀!我听说你要上去讲话,那‘熊爸爸’一定得去呀!‘熊爸爸’给你鼓掌,好不好?”我在一旁听后笑了,明明是哄小孩的。女儿离开后,我拉了拉珩爸,说:“你不会真的穿着这衣服去吧?”珩爸说:“那当然,我答应女儿的,我肯定去。”我说:“在家哄哄孩子就行了,在学校里有点招摇。”珩爸不以为然。

那天小班的亲子运动会是在下午,珩爸真的扮成了熊去了女儿学校。正好是孩子们午睡过后。女儿班里的小朋友,一睁眼就看见了大熊,都开心极了,争着挤到熊爸爸面前。“熊爸爸”那天也显得特别兴奋,又是左摇右摆地跳舞,又是做一些搞怪动作,逗得孩子们咯咯直笑。“大熊”还伸手一个个地去抱一下孩子们。等女儿发现“熊爸爸”的时候,女儿咧着嘴靠在了大熊的身上。一脸的傲娇,一个劲地向别人介绍:“这是我的熊爸爸,我的爸爸是熊爸爸!”来到操场上,在全体小班孩子、教师和家长走完开幕式方阵后,女儿上台发言。她从班级队伍中昂首挺胸地走到了前面,她的眼睛一直盯着人群中的“熊爸爸”,熊爸爸在人群中特别醒目。“赢了不骄傲,输了不哭鼻子,团结第一,比赛第二,让我们动起来吧!”女儿的代表讲话抑扬顿挫,自信满满,就像一个小小演说家。接着的亲子游戏项目,“熊爸爸”都一个不落地陪同参与,穿着这套熊衣服行动起来有点笨拙, 但是他们俩游戏的积极性特别高。最后,“熊爸爸”还义务给小朋友们颁发了金牌,全场的小朋友都来和这只可爱的大熊合影。

在这件事情上,我是有点佩服珩爸的。他能够站在孩子的立场,想法设法地给孩子创造快乐。现在,我更深刻地认识到,孩子不是为“长大”或“成功”“成才”活着,孩子首先应该有他的“童年”。我们要让自己的孩子有过美好的童话般的童年,不要让他生来只能做没有童话的人。只要多花一些心思和时间,就可以让孩子有不同凡响的经历,让他的生活和世界焕发出奇异的光彩。

心理学上说,自信是孩子对自身能力与价值的客观认识,是一种健康向上的心理品质,更是人格的重要组成部分。自信的孩子,能够坚持自我,心中有底气。其实,父母的支持和信任是非常重要的。除了用言语来鼓励孩子,也要用行动支持孩子,让孩子认识到我有“熊爸爸”这个强有力的坚强后盾,在一次次的经历中认识“我有优点”“我的努力被看到了”“我能行”,帮助他建立起对自身能力的自信。同时,能够得到同伴的认可,更加能够变得乐观开朗。自信的孩子是饱满的,充盈的,有活力的,就像一朵灿烂的太阳花,昂首傲然向阳。

让我们一起做孩子的“熊爸爸”,呵护孩子的童话世界和自信,爱他、鼓励他、支持他,永远有智慧地爱着他。

我用生活教了孩子什么

——“教育”和“陪伴”的秘诀

张家港市世茂小学　苏秋晓

家有女汉子:爱吃什么,她会自己去弄;想玩什么,她自己有主张;要做什么,她自有一番理论……

先说吃——

从小到大,她最喜欢吃苹果,大冬天的晚上也不例外。有时候,在暖和的被窝里,真不想起床帮她削苹果。怎么办?

在一个暖暖的午后,我对读大班的孩子说:“你想不想每天都吃苹果?想不想随时都能吃到苹果?想不想自己削苹果?”孩子眨巴着眼睛拼命点头。当然,重点是最后一句,只要自己会削苹果,就能每天、随时都吃到苹果。

我拿起一个苹果,先让她看我怎样削一圈苹果皮,再让她拿起削皮刀自己亲手试一试,接着手把手再一起削,最后由她独立削完这个苹果皮。第一步大功告成!

孩子喜欢切成块状的苹果,用刀叉吃。第二步就是让她学会用刀,我先示范把苹果放稳在砧板上,竖着切一刀,剩下的由她完成。这中间,提醒孩子慢一点、看清楚用刀方向是尤为重要的安全教育。

别忘记还有最后一步,就是“清理战场”——得把所有的果皮收拾好,倒在垃圾桶里,把砧板、刀洗干净,放回原来的位置。这可是培养孩子有序思维的重要实践环节。

第二个苹果是孩子独立完成的第一次作品，我们是可以全程放手,但必须全程陪伴。如果说,削第一个苹果时,家长的角色是示范引领者,那么在削第二个苹果时,家长的角色就是监督施助者。我们只有全程观摩,才能明白孩子是否能独立完成这项任务,才能明白孩子在独立完成这项任务时的困难之处,才能真正明白孩子需要我们提供什么帮助。

教,是如此重要;陪,是如此必要!

再说玩——

拥有一辆自己的自行车是每个孩子的愿望吧!升初一的暑假,为了让她更好、更独立地适应初中的生活节奏,我们为她买了一辆自行车,“怂恿”她出去玩!

白天,我们陪她骑车,告诉她:有隔离带要怎么骑、没有隔离带靠哪里骑;左右转弯要注意什么?过马路要留心什么?红绿灯处怎么骑?她会悄悄告诉你:不管是走路、骑车或是开车,绿灯后出发比较保险,过马路还要特别留意别人有没有闯红灯,因为难保别人没有开小差啊!

傍晚,我们陪她骑车,告诉她:下班行人多,各种车辆更多;放学的孩子急,赶回家做饭的人更急。你要做的就是:不急、不争、不抢;眼观六路、耳听八方。要是华灯初上才归家,更要学会慢慢感受生活的恬静、学会慢慢享受清新的夜风。

初一开学了,总能看到爸爸妈妈们陪骑的身影,总能听到爷爷奶奶们担心的话语。孩子说——原来你们已经“教”在了前面,“陪”在了前面!

最后说做——

一个周五的晚餐时,上了初中的孩子开启“先斩后奏”模式:明天我跟同学约好了去图书馆写作业!

“写作业还要去图书馆？”

“是啊，图书馆里那么安静，当然是做作业的好去处！”

“你就不怕自己分心，一会儿看手机、一会儿写几个字，作业做得一团糟？”

“放心，手机放书包里，做完一份作业只会看一眼手表，手机根本不用看！”

“你有多少自控能力保证自己不被手机‘绑架’？”

“你当我不要完成作业上交的啊！”

我们被说服！改方向：“那你明天的流程是怎样的？”

“天好，骑车；下雨，公交车。”

“好，如果天好，骑车，又怎么保障人身和财产安全？”

“骑车遵纪守法，到达目的地后两辆自行车同时用两把锁，尽可能停放在目光所能关注到的地方，书包手机随身放，互相关注；到达后、用餐前、回家前等一切转换地点时，手机发信息向你们报平安。以上，保障了人身安全和财产安全。下雨天除了交通工具有变换，其他事项不变。”这样头头是道的分析应该不是想了一天两天吧！

“还需要注意什么？”

“知道，就餐卫生。不吃垃圾食品；不到卫生状况不佳的场所用餐；尽量吃热的午餐……”

就放手让她走向生活吧！

“教”在前面了，“陪”就隐身了！

“教育”和“陪伴”正是孩子学会飞翔的一双翅膀，你把生活教给了孩子，孩子就学会了用心生活！

我与扬扬二三事

张家港市暨阳实验小学　陶文娟

雷雨阵阵,逼走了暑天白日里难耐的炎热。雨点,噼里啪啦地敲打在窗玻璃上,给闷热的教室带进了阵阵微风。看着讲台下这个酣睡的孩子,我的思绪涌上心头……

甜　扬扬,大大的脑袋,黑黑的皮肤,一眼就能让人记住的孩子。刚进一年级那会儿,他是我的小跟班,我把他亲昵地叫成我的“跟屁虫”。一下课,他总在我的身边转悠,他喜欢与我分享他的喜悦。“老师,你瞧,这是我的新鞋!”说着,把自己的小脚跷得老高,还晃悠着另一条腿,脸上透露着甜美的微笑。“老师真喜欢你的新鞋,它漂亮极了!”我抚摸着他的头说,也带着甜美的微笑。“老师,老师,昨天你和我妈妈说我上课表现好,妈妈奖励我了!”无数个课间,和我分享着无数个喜悦,顿时喜欢上了这个可爱而单纯的孩子。因为我的喜欢,他什么都愿意和我讲,和我如同朋友一般亲密。

作为一名家庭教育指导师,我很享受这样的过程。一句轻声的问候,一个甜甜的微笑,孩子的童真感染着我,让我把自己当作孩子,童心飞扬,感受着孩子的感受,幸福着孩子的幸福。

酸　领教他的犟脾气,是在寒冬悄悄来临的时候。这个冬天对他来说似乎特别的冷,每天趿拉着运动鞋,告诉我是因为脚疼。看着他那无辜的眼神,是来寻求安慰的,我把他冰冷的小手放在手心,说:“不是脚疼,天气冷了,脚露在外面冻僵了。”他似乎不相信我的话,大课间活动,照样趿拉着鞋子一瘸一拐地跑着。“扬扬,把鞋子穿上!”我看他缩着脖子,站在原地哭着不肯动。心想这孩子可能太冷了,便跑去帮他穿鞋子,哪知他踢开鞋子,五个脚趾使劲巴着地,始终不肯抬脚,哭声震天。软硬都不管用,惹得校门口的行人也探进头来看个究竟。我隐约地感到孩子如此的犟脾气可不是一两天练就的,问题的背后,家庭也有扯不开的责任。孩子在外面犟了一个多小时,终于挪了位,却仍在教室的角落里号啕大哭。这样的哭声是我从教十几年来闻所未闻的,在安静的课堂中显得那么刺耳。

晚上和她妈妈交流,还没等我说完,妈妈抢着说:“我的孩子我清楚,他呀软硬不吃,怎么打也不承认错误,犟得很。”果不其然,孩子这样的习惯是宠出来的,打的时候狠打,打完没好好地教育他,依着他,这样的教育没有效果可言。

我与他妈妈的第一次见面,她便表达了自己工作的繁忙与辛苦,对于扬扬的教育,她通常是简单粗暴式,粗暴过后是家长的后悔。我告诉她,家庭教育是一切教育的基础,具有启迪性、个别性、终身性的特点。家长正确的观念决定着家庭教育的走向。我教她首先从自己的言语开始改变。家长与孩子的日常沟通中,言语是最重要的手段,也是家长专业成长的必修课。不恰当的言语内容与方式是造成与孩子沟通问题的直接诱因。有的家长轻言细语一句话就能巧妙地引导孩子乐意去做,融洽彼此之间的关系。如何提高自己教育孩子的效率,往往需要家长运用智慧,巧妙地设置各种场景。

之后的几次,家长与我在微信上沟通,有时出去散步,与孩子愉快地交谈;有时在公交车上,对让座的社会现象与孩子进行了探讨;有时在别人发脾气的时候,让孩子默默地观察……她告诉我,选择对的场景,说对的话,比单纯的说教要来得好得多。

苦 又一个早上,校门口值班的两个老师一个拎手,一个抬腿,把他给抬了进来。孩子的花猫脸上满是泪水,哭声震天。再回头看看值班领导,裤腿上全是脚印,说是被孩子踢的。事情是因为早上孩子迟到了,就站在校门口又哭又闹,不肯进来。老师好说歹说丝毫无用,更狼狈的是那天孩子是被两个老师抬进来的。课后,犟脾气过了,上来跟我套近乎,我冷冷地对他说:“我不想和你说话。”他灰溜溜地走了。一会他又转来了,原来是来向我承认错误的,我对其置之不理。

上午第一节课结束,妈妈不放心孩子,又来到了学校。妈妈的行为让我深深叹了口气。她奔进教室给了一块蛋糕,“孩子,你饿坏了吧!”我迅速制止了家长的这一举动,告诉她:“你能认识到自己教育孩子的不足之处吗?没有规矩,不成方圆,孩子犯了错误就要惩罚,你用一块‘蛋糕’来惩罚?孩子质朴的童心、美好的天性是与生俱来的。至于他现在的个性完全是后天形成的……”

我与家长的第二次见面让我这个家庭教育指导师下定决心要给她好好地上一课。批评必不可少,惩罚也必不可少;批评与表扬、惩罚和奖励,对立而并存。在孩子成长过程中,总会有对有错、有好有坏、有快有慢、有优有劣。家长对于孩子的教育要通过深思熟虑,通过适合他个性及行为的恰当的批评和表扬、惩罚和奖励的手法与技巧,帮助他正确判断这样的行为对还是错、善还是恶、优还是劣,从而不断矫正自己的行为，确保身心的健康成长。

家长坦诚地告诉我在家庭教育这块上缺乏太多的理念，在扬扬的事情上，她清楚地明白了家庭教育对孩子身体的发育、知识的获得、能力的培养、品德的陶冶、个性的形成，都有着至关重要的影响，她自己需要不断地充电。我给她推荐了一些家庭教育类的书籍，并告诉她，平时遇到扬扬的教育问题可以随时跟我联系，我们共同引导孩子正确的价值观、行为习惯、理想追求。

乐 日子一天天过去了，扬扬的犟脾气似乎有周期性。扬扬妈和我见招拆招，一一应对，最大限度地让家长在家庭教育中发挥育人功能。因为在这一过程中，家长既是问题的设定者，也是问题的解决者。每一次问题发生后，家庭教育与学校教育形成了合力，凝聚了家长与家庭教育指导师的智慧和力量。从扬扬的犟不悔改到每次向我道歉，向妈妈道歉，我们看到了孩子的改变……

每天吃过饭，扬扬总能拿起笤帚，把教室门前的米粒扫干净；每天喝完牛奶，扬扬总能端着满箱的牛奶盒子扔进垃圾桶。更令我感动的是，有次别的孩子把整箱的牛奶盒子扔在了垃圾桶外，他竟能一个个地捡起来。

二年级的教师节，扬扬用零花钱买了一束小熊花送给我，说是这个花不会谢。我告诉他会好好珍藏。

雨，依然下着，风中夹杂着教室门口淡淡的桂花香，轻轻地、悄悄地从窗外飘进，凉风阵阵……

孩子沉默的背后

张家港市南丰小学 刘兵

某日晚上八点多，我外出办事回家，习惯性地一进门就到读初三的女儿房里去看了一下。看见女儿正在认真地做作业，我便转身去卫生间洗漱了。可当我再次经过女儿房门口时，却发现她早已把笔放下了，正在津津有味地吃着东西。一股无名的怒火冲上头顶，但理性告诉我，要控制情绪，不能失控。于是我强忍着心中的怒火，来到她身边。女儿看到我，转过脸朝我笑了笑。我是笑不出来，板着脸，但尽可能地以平和的语气问她：“作业做完了吗？”“还没有。”女儿轻松地回答。“没有？”我一听，火气又上来了，说话声音也提高了一些，“没有做完你还吃东西。真是越来越不像话了！”再看女儿，好像没有听到一样。看到女儿一点回应都没有，我更生气了：“你还吃？作业要做到什么时候？”我狠狠地对女儿进行了批评。女儿也就放下手中吃的东西，开始写作业了。

可在整个过程中，女儿一直保持着沉默。她的沉默也让我产生了一些思考，认为她的沉默可能是一种无声地抗争，她用无声来表达对我的不满；她的沉默可能是对我的一种无视，她对我关闭了沟通的大门；她的沉默可能是在实行一种自我保护，不想让自己再受到“伤害”；她的沉默也可能是对我批评的认可，她也知道自己错了……但究竟是什么原因，让我一时也找不到答案。

不管是哪种可能，我觉得再这样一直说下去是没有用的。反正女儿也开始做作业了。我也就生气地回到了自己的房间。第二天，妻子责怪我：“昨天你是怎么回事？也不问问清楚就对女儿发这么大火。东西是我拿给她吃的，她一直都在认真做作业，我拿东西给她吃，是想让她稍微休息一下。这个是你不对哦！”我一听傻了眼，昨天我只关注了她的作业有没有做完，也没了解她究竟已经做了多少时间，她也是需要休息的。我的确是太冲动了。“你得跟女儿道歉！”妻子建议说。“道歉？”这让我有些为难。爸爸跟女儿道歉，有些抹不开面子。但我也知道做错了就得道歉，只有我道歉了，才能给女儿做个榜样，才能消除昨晚我与女儿之间的隔阂。于是，我下定决定下班回家后就跟女儿道歉。

经过一天的心理准备，下班到家后，连续做了几个深呼吸，来到正在做作业的女儿边上：“小语，耽误你一点时间，我有个事情要跟你说。”女儿放下笔。“你转过来，我们面对面说。”女儿有些不耐烦地转过身。“嗯……妈妈都跟我说了昨天你吃东西的事情，我向你发火是不对的……我……跟你道歉，还请你原谅爸爸。”女儿听懂了我的道歉，露出了笑容，调皮地说：“我接受你的道歉！”……“你昨天为什么不跟我解释清楚呢？”我趁势问她，想解开我心中的疑惑。“我们班主任说的，当一个人生气的时候，不要去做任何解释。因为这时的解释是没有用的，他是听不进去的。”原来是这样啊，我恍然大悟。

的确，人在生气时，一些观点很可能已先入为主，再多的解释也有可能会被认为是“狡辩”。女儿这个理由也让我对沉默有了另外的理解：原来，孩子沉默的背后，并非冷漠和轻蔑，而是温暖与尊重。我突然发现，女儿的确长大了，我们一直认为青春期的孩子多的是叛逆，多的是对父母权威的挑战。但我们也要看到青春期孩子的成长,要看到他们对我们家长包容与尊重。

诚然,孩子沉默的背后会有许多的原因,有些原因可能会向我们家长释放出危险的信号。作为家长应该小心应对孩子沉默的现象,要跟孩子形成一个良好的沟通氛围。有人说,一个沉默孩子的背后,肯定会有一个脾气急躁、话多的家长。为此,我们家长应当要学会控制自己的情绪,遇事多做几个深呼吸,不让自己成为一个一点就着的“炮仗”。在与孩子沟通时,要蹲下身来,放低自我的姿态;要换位思考,体会孩子的感受;要多听少说,增进彼此的了解。只有这样,我们才能打破孩子的沉默,拉近亲子间的距离,真正走进孩子的心灵。

妈妈，我们都要学着长大

张家港市家庭教育服务中心　路国琴

周五是同事们聚餐的日子。一同事女儿初二，在我们这公认最好的私立学校上学，漂亮文静、知书达理，成绩亦非常优秀，这次考试年级排名前50。同事们一致认为孩子这么出色，妈妈应该很知足。但同事却说孩子一考不好，回来脸色就不好，妈妈一说话女儿就像个“火药桶”。“一看到孩子这样，我就难受！我觉得她不能接受失败，这是非常糟糕的一件事。孩子爸让我这个时候不要理孩子，让她自己处理，都是因为妈妈管太多，一看到女儿心情不好就去问，就去干涉，都被你弄坏了。”同事立马反驳：“在孩子成长过程中，爸爸参与太少的孩子，到了青春期会特别脆弱！”所幸夫妻俩都比较理智，对话到此结束，没有将“战火”蔓延。

作为旁观者，可能我们很多人觉得爸爸这样说没有错，孩子心情不好让她自己处理，非常理智客观。我问同事：“你是因为孩子没考好生气，还是因为孩子发脾气而生气？”同事很无奈：“真不是因为孩子没考好批评孩子，说实话，我觉得她已经很尽力地在学了。我只是觉得孩子应该有面对挫折的能力，她总归要长大的，不能因为遇到点困难就伤心难过，就掉眼泪，总要面对的。”

在妈妈看来，我并不是因为孩子考得不好而责怪孩子，生气的是孩子缺乏一定的抗逆力。今天是遇到考试考得不好，要清醒地摆正自己的位置，不能只接受考好，不接受考差，得学会调整自己的心态。等明天走上社会，肯定还会遇到别的困难挫折，她该有面对挫折的能力。这样一看好像都有道理，夫妻俩都没错。

都说"爸爸参与孩子教育，这样孩子更聪明，更容易平稳地度过青春期"。其实是因为妈妈的这个角色，女性天生的母性与"护犊子"心理，加上妈妈的唠叨，妈妈的不放手，都让处于叛逆期的孩子更容易对立逆反。男性角色中同事不能接受孩子这样，是对孩子的不放心与不能放手。但她忽略了一点，那就是要学会接受孩子的感受，接受孩子的情绪，让孩子和自己的情绪待一会，让她自己学会处理自己的情绪，不要急于对负面情绪"喊停"，更不要急于给出建议。这个时候应该尊重孩子的想法，让她自己安静一会；或者给孩子一个温暖的拥抱；或者等孩子冷静下来，再试着和孩子沟通："宝贝，妈妈知道你很努力，但分数和你预期的还是有差距，你对自己有点失望，也很难受。没关系的，如果实在难过，妈妈抱抱，可以哭一会。"

同事女儿还写了篇题为"成长"的文章，整整花了三小时，从雨天母女共撑一把伞入手，描写了无论女儿怎么拒绝，妈妈总将伞撑在女儿头顶，无论女儿怎样拒绝，妈妈都试图努力把伞倾在女儿那边。妈妈身上已被雨水打湿，可即便如此，孩子的身体依然有一半在外面。女儿愤然离开雨伞，离开妈妈走进雨中，走着走着，想到自己不该这样对妈妈，也知道妈妈是为了自己好，文末以"妈妈，我们都要试着长大"结尾。同事说，女儿的这篇文章让她触动非常大，孩子真的长大了，不习惯的是我们，我们舍不得孩子长大。随着女儿进入青春期，和孩子说话我也注意了，现在和女儿交流前我要好好想想怎么和孩子谈，比"备课”还认真，往往这个时候效果还是很好的，昨天和女儿一不小心聊到晚上 11 点。是啊，孩子在慢慢成长，我们做父母的呢，是倒退、是原地踏步，还是陪着孩子一起长大呢？这是为人父母后必须要思考的问题。

做父母总是希望自己的孩子平安喜乐，有时看到孩子有点生气、发脾气，就希望孩子马上能够平静下来；有时看到孩子遇到困难挫折，就希望马上帮着孩子解决；有时看到孩子被欺负了，恨不得帮孩子去把欺负他的同学吼一顿……在孩子成长的过程中，这样的担忧、不放心的太多太多了！静下心来想想，我们做得真的是孩子需要的吗？突然想到曾经看到的一句话：“孩子都是天使，他们是来渡父母，帮助父母克服人性中软弱和丑陋的那一面。为人父母归根到底是自己的一场修行。”我们每一个人都是第一次当父母，在陪伴孩子成长的过程中我们每一个人同样迎来了新生。生活中总有风雨，不管前路是阳光还是坎坷，多听听孩子的心声，试着放手，让我们一起学着长大！

爱的延续

张家港市塘市小学 李虹

班中的小鲁个头不高,黑黑的脸上嵌着一双闪亮的大眼睛。他衣着邋遢,身上有股难闻的味道,同学们都不喜欢他。根据我的判断,很明显,家长对他的关心不够。渐渐地,我发现他的作业交不出来。前几次,我让他在学校补做。又一次,他的作业本怎么也无法从书包中拿出来。他把书包拿到课桌上,拿出揉得皱巴巴的试卷和讲义,还有几本封面残缺的作业本。很难想象一个五年级的学生的书包会乱成这副模样,于是想利用这个机会好好教育他。我拿起手机拨打他家长的电话。电话接通后,接电话的男子说他不是小鲁的爸爸,而是他的姑父。交流中得知小鲁的爸爸在他还没出生时煤矿爆炸去世,妈妈在他一岁时改嫁。小鲁三岁时跟着爷爷到姑姑和姑父在这边学习、生活。我问起他的作业完成情况,他的姑父告诉我,小鲁放学后贪玩,作业完不成,有时只能早上起来补做。我挂断电话后,又问小鲁昨天作业的完成情况。他仍然结巴着,慢慢地说出了实情:他昨天晚上只顾看电视,作业就忘记了。

在这个生命的重要过程中,家庭是儿童最重要的生活空间和精神家园。一个充满爱意的幸福家庭是孩子心灵成长的沃土,也是儿童获得认知,学习与人交流,发展心智水平的关键所在。如果在儿童成长过程中,缺少了稳定和谐的家庭生活,缺少了父母亲充满亲情的陪伴,他就无法在内心深处获得必需的安全感和归属感。孩子常常表现出孤僻、内向、冷漠等不良情绪，往往出现表达能力欠佳，与其他人沟通障碍等现象，也很难养成良好的学习与生活习惯。

我准备去家访。我和小鲁的爷爷和姑姑谈起小鲁在学校的情况，告诉他们小鲁的家庭作业情况和生活习惯问题。爷爷和姑姑也知道小鲁的这些情况，只是没有办法。我告诉他们，孩子在这样的年龄，缺乏必要的自制能力，如果离开了家长的关心和监督，生活习惯上的懒散和学习上的松懈是必然现象。更重要的是，在孩子的成长阶段，缺少了父母的关爱，缺少了家庭的温暖，孩子的内心会有不安全感。时间长了，孩子会变得内向、焦虑、冷漠、任性，不利于孩子形成良好的性格。小鲁的姑姑和爷爷感到十分惊讶，他们以为孩子平时有人看管，吃饱穿暖孩子应该能正常地成长起来。

这次家访后，小鲁有了一些变化，他的衣着变整洁了，他的作业也完成得比以前好了。我问他为什么作业做得好了，他说，现在姑姑会在晚上检查他的作业，双休日姑父常带着小鲁和自己的孩子一起去书店看书、游乐园玩。没多久，小鲁的姑姑打电话告诉我，小鲁现在在家都能认真完成作业，还主动帮姑姑做家务。我在电话中高度称赞小鲁姑姑是一个有责任心的好姑姑，能及时转变教育理念，并坚定地开始行动。我也由衷地为小鲁感到高兴，为他能够重新获得家庭的温暖而欣慰。

孩子的童年只有一次，成长的过程不能回放，父母的作用无人可比，亲情的陪伴无法替代。特殊家庭的孩子，亲人补缺父母的关爱、陪伴，给他及时的心灵抚慰一样可以朝气蓬勃地健康成长。

"不"妈妈和"是"妈妈

张家港市云盘小学 张天宇妈妈 田惠茹

作为一个母亲，很多育儿的大道理貌似"我都懂"，可是，往往做起来，自己完全不在"调"上。终于有一天，目睹了这样的情景：

情景1：妈妈在超市买小番茄，孩子拿了一个给妈妈，妈妈的反应："别动！这个不好，放回去，我来挑！"

情景2：妈妈买菜，孩子欣喜地拿了一棵形状古怪的花菜给妈妈，妈妈的反应："你很奇怪这棵花菜为什么有这么多的疙瘩吧？我也不知道，回家我们查一查。"

这两幅情景像电影一样一遍遍地出现在我脑海里。我一眼就能看出来哪种情景妈妈的反应更能帮助孩子成长。可是，在实际生活中，我常常在做第一个情景中的妈妈，给孩子说了太多的"不"！

"不行，把衣服穿上！""不行，太危险了！""不行，今天必须要洗头！""不能再听了，要睡觉了，明天还得早起呢！"……如此之多的"不"字，实际上就是戴在孩子身上的枷锁呀！

我开始默默地思考：该如何来真正帮助孩子的成长，而不是做孩子成长的"绊脚石"。于是，我开始试着改变。

当担心孩子冷的时候，我就悄悄拿了衣服，走过去帮她穿上。孩子不配合，我也很平静，默默地等上一小会儿，再次温柔地重复自己的动作；当孩子拿起刀子切水果时，我会很耐心的指导她，切的时候，另外一只手要离刀子远一些；当孩子实在不愿意洗头的时候，我会给她选择，重新约定一个时间；当很晚了，孩子还要坚持再听一个《法布尔昆虫记》故事的时候，我不说教，允许她。只不过，这时候，我在心里默默的记下，明早尽可能迟几分钟叫醒她，明晚早个半小时开始听故事。

当然，改变自己的过程并不是容易的，甚至有时还是痛苦的，但是，我知道，这一定是值得的！渐渐地，我发现孩子的表情越来越柔和了，亲子关系也明显得到了改善！

我总结了一下，有如下的几条“小感悟”：

1.能用行动达成目标的事情，就不动或者少动嘴巴(比如，让孩子穿衣服)。

2.更多的时候选择相信孩子，必要的时候给予孩子指导(比如，切水果)。

3.给孩子一定的权利，适当学会“放手”(比如，洗头)。

4.允许孩子做自己，有时孩子就宁愿牺牲她睡觉的时间去听一些令她着迷的故事，我们大人做好我们能做的，就已经足够了。承认自己，我并非全能(比如，听故事)。

……

其实，每个人的精力都是有限的，包括脑力、心力、体力。你还愿意把精力更多地花费在说“不”上吗？我又想到了一开始的两个情景，其实我们都希望自己能做第二个情景中的“是”妈妈，不是吗？

育儿的道路上，希望我们都能在“调”上。共勉！

“星星”制，让二宝更有爱

张家港市实验小学东校区　路轶涵妈妈　黄莹莹

家有二宝，生活热闹而忙碌。儿女双全的幸福刚刚起步，随着大宝、小宝年龄的增长，矛盾就随之而来。抢玩具、抢洗头洗澡的先后顺序、抢和妈妈“同床共被”，甚至连上厕所也要争着抢着……常常让我这个当妈的难以招架到抓狂。

刚开始，二宝争吵起来时，我做“裁判”仲裁，倒也相安无事。随后我就发觉二宝事事都来找我。挡不住这事事都来找我的势头，于是，我就和大宝说：“大宝，妈妈很忙很累，你是姐姐，你很乖的，让着弟弟，好吗？”大宝看着我，点点头，事情就解决了。这样又过了一阵，一味地忍让大宝不乐意了，开始一遇到事情就跺脚大哭，小宝更是不肯退让半步，脾气犟得十头牛都拉不回。看到两娃每天都上演“全武行”，我只能天天靠吼过日子，很烦躁、很崩溃，精疲力竭！

于是，我找到张家港市家庭教育服务中心，请家庭教育专家“林老师”帮忙。“林老师”耐心倾听我的烦恼，并详细了解了二宝从出生开始家庭中陪伴和教养的时间、方式，指导我和二宝商量讨论，设计家庭作息活动“星星榜”，帮助解决家有二宝的相处问题。

在“林老师”的建议下，我和二宝制订家庭生活中吃饭、洗漱、作息、游戏等活动的规则，设计“星星奖罚表”，对孩子遵守规则的言行奖励“星星”，违反规则的言行抵扣“星星”以及星星兑换制度。在实践过程中，“林老师”还提醒我与家人商量约定：合理安排祖父母陪同孩子的时间;孩子的矛盾家长不参与,只在边上观察并留意孩子的安全;当孩子需要家长做裁判的时候发表自己的看法，先肯定后再指出问题，讨论后让二宝作选择决定。“星星榜”和“家人约定”双管齐下后,果然效果凸显,不管是大宝还是小宝都开始按规则要求“攒星星”。两个孩子的问题他们自己解决,我不参与评判,结果反而比以前更容易相处,在洗澡、睡觉、上学方面,谁懂事就奖励“星星”贴纸或者盖一个印章,就这样,每天的洗澡问题解决了,妈妈和谁睡,也由他们自己商量好了决定,满20颗“星星”可以挑选一样礼物,他们还互相监督鼓励呢。

让我更欣喜的还在后面。一个多月后,作为妈妈的我明显感觉到二宝由内到外的变化。大宝不再老是念叨爸爸妈妈偏心,一直叫他让弟弟了;她也不再动不动就大哭大叫求关注了。小宝也不会每天总闹着抢妈妈，一刻也不能离开了；还懂得了妈妈是他们两个人的妈妈……我再也不用天天吼了。

在“星星榜”执行两个多月后,我发现二宝“攒星星”满20颗以后,就激动地提出要求挑选一样礼物,有时一周就要去买一次礼物;而有时孩子为了多玩一会儿,情愿不得“星星”,这又该怎么办呢?我再次咨询求助“林老师”。“林老师”指出在奖励孩子星星的时候,孩子放弃是可以的,但要掌握一个度,调整“星星榜”约定规则。需要提醒的是:不能因为他想得到更多“星星”,就直接无限制给他更多“星星”。如果孩子的要求很容易被满足,孩子会不愿意努力,被剥夺体验努力过程中的快乐。在礼物环节,可以和孩子讨论一下金额的限制、挑选范围、孩子自己挑选等。还可以往前进一点,锻炼延迟性奖励,就是定好20颗星是多少金额,例如 20 元的东西;40 颗星就是 50 元的东西,锻炼孩子朝着更好的目标前行。当然,要掌握好一定时间,奖励不能过多过密也不能时间延迟太长,一般来说,5—8 岁孩子可以一个月内进行一次实质性奖励。

但是后来出去旅游又出现问题了。实际上,也不单单是这一次,是每次我和老公带两个孩子出去玩都会出现的问题。这一次,我们租了两部推车,小宝不肯让爸爸推小推车,一定要我推。我当时在推女儿,然后看到小宝吵得很,我就和女儿商量了一下,和她爸爸换了一下位子,奖励女儿一颗星星。但是一周的时间每天都是这样,不管说什么小宝都听不进,不准我推姐姐一定要推他。我和老公的想法是在外面吵太让我们尴尬了,于是就没有坚持原则地息事宁人,每一次都让大宝让弟弟。结果,第四天女儿就直接叫板:“为什么妈妈每天都推弟弟?爸爸妈妈偏心!”一开始我劝说:弟弟小不懂事,不要跟他计较。但女儿不买账,让我再次抓狂:多大点事,谁推不是推啊,再烦就回家!吼完看着大宝眼泪汪汪的样子,我就后悔了。冷静下来后我反思:是我把儿子不懂事的气撒到了懂事的女儿身上。我和老公为了孩子不吵闹,一直在逼迫女儿退让,女儿在一天天的忍让中越来越觉得委屈,她也需要妈妈啊。问题是小宝犟起来真的火大,他宁愿不走,也一定要达到目的。这又该怎么办呢?

再次求助“林老师”。“林老师”建议我在实践中再调整安排细化些,做一个日常惯例表(包括每天的时间安排和双休日活动、时间安排),把放学回家到上床睡觉之间的时间分别列出来,把要做的事和时间段分列出来,妈妈陪伴时间、爸爸陪伴时间和孩子单独玩耍时间对应列出来,和孩子讨论约定好,根据表现加星,而且可以让孩子画画或者拍照放在相应的完成加星栏目里,表示有图为证。强调和固化好的行为,双休也是,和孩子讨论让孩子做决定。我是属于认真的妈妈,只要是为了孩子好的事情,我都愿意去尝试。在“林老师”对我的肯定鼓励及建议下,我在生活中举一反三,我和老公分工合作,我帮孩子洗澡,爸爸穿衣,我带大宝做作业,爸爸带小宝画画或看电视,我哄小宝睡觉,爸爸读故事给大宝听,玩耍时间共享……在这个过程中,不但二宝更容易相处,大宝也懂得了如何相处,姐弟情深意长了,更让我感受到了老公对二宝和我满满的爱,感觉每一天的日子都充满着温馨与美好。

在二宝成长过程中,在与张家港市家庭教育服务中心“林老师”的多次交流过程中,让我深切地体会到:养育孩子是父母共同的责任,教育亦是。一个家庭既要有着满满爱的妈妈,又要有一个体贴温暖的丈夫和爸爸,给予孩子的家庭氛围和环境尤为重要。在陪伴孩子、和孩子交流沟通的过程中,再想想孩子行为背后的一些需要和渴求,细节上稍微调整一下,一定会对孩子的成长更有利!

家长的认真在细节处绽放

张家港市景巷幼儿园　郑敏燕

儿子周大福今年已经13虚岁了。在这些年里，儿子的兴趣点不断地改变更新，一段时间喜欢问为什么，一段时间关注地球以外的一切，一段时间爱捣鼓各类小机械，能拆的玩具都被拆得“支离破碎”，一段时间喜欢上了兵器，一段时间喜欢上了背诵古诗……

要是问我平时是怎样教育儿子，有什么教材、育儿玩具，还真的不是很系列，我只是在每天和儿子的相处中，认真而负责。

教育时间——随时随地

珍惜和儿子相处的每分每秒，用心和他交流。

每天早上，我的小红车载着头脑清晰的儿子在上学路上，儿子会问我许多问题：

妈妈，今天为什么还没有太阳？我会说今天是阴天，并向他解释天气有哪几种，并向他发问：“你还知道哪些不同的天气？人们是用什么方法在预测天气的？”我们一起通过电视、书籍、网络查找答案。

妈妈，你的仪表盘红了，为什么？我就告诉他这是提醒我们油箱没油了。又把问题抛给他：“没有油了怎么办？”“加油。”“加几号油呢？”这时我就向儿子介绍国家标准油的型号，以及它们不同的用途。有了这方面的知识，儿子看到一辆车就问这是加几号油呢？联想到飞机、火箭该加几号油，轮船要加油吗？后来引发油是从哪来的……

20分钟路程就在一问一答中轻松度过了，我和儿子也收获了许多。早上儿子问我的问题，我不能很快答上来了，我会在白天通过各种途径寻找答案，为了在放学路上给儿子一个满意的答案。

睡前，和儿子躺在一个被窝里，我会问：“今天有什么开心的事要和妈妈分享？”儿子会滔滔不绝地把他一天中发生的事告诉我，在分享开心的同时，他也会带出一些不愉快或是自己有疑惑的事。我会在听完后说：“谢谢你今天有这么多精彩的事和妈妈分享，妈妈也觉得特别开心。”然后对他提出一点小建议，希望在明天面对不喜欢、有疑惑的事情上有帮助。

教育机会——无处不有

教育孩子机会无处不有，在朴朴实实的劳作中，在游山玩水的闲情雅致中都有教育的契机。

生活实践。每周六都要带儿子去乡下住上一两天，陪外婆一起去田里除草、刨地。在这个过程中，儿子认识了许多农具：锄头、钉耙、小铲子、镰刀，我们教会他正确的使用方法。在和外婆一起播种浇水，等待苗儿发芽中，他收获了种子生长需要哪些条件的知识；在和外婆一起收获土豆、萝卜时知道了有些果实是长在泥土里的；在帮助外婆采摘赤豆、绿豆、黄豆中，收获了各种豆的颜色、形状、在壳中的排列方式；在给蔬菜捉虫的过程中，认识了许多昆虫，对一些昆虫的喜好有一定的了解……

接触自然。利用节假日带儿子走进自然，在游山玩水中领略我们祖国的地大物博。现在的儿子对坐飞机的流程已经很熟悉了，走进机场，他会按照登机牌的指示，到指定位置等待并能独立完成登机的一系列活动环节，煞是老练。带他去成都，大熊猫的故乡，目睹国宝的魅力；带他去贵州，在黄果树瀑布下领略那排山倒海的气魄；带他去内蒙古，在草原上打滚、骑马，在沙漠里感受柔软而细腻的沙子、骑骆驼；带他去孙悟空的老家花果山……

教育方式——软硬兼施

1.尊重孩子兴趣，以兴趣为主导。都说“兴趣是孩子的老师”，孩子有兴趣才能将活动进行下去。刚升大班的时候，儿子班有个孩子带来一把二胡，在大家面前演奏了，把儿子羡慕得嚷着也要学二胡。我没有很随便地说好，而是静下心来问儿子：“你真的喜欢二胡吗？要想拉一首好听的曲子可是要下很多功夫才行的。”从儿子那单纯的眼神中我知道“他现在真的很喜欢”。我接着问：““二胡可不是今天学就会拉出好听的曲子的，要每天不停地练习才行，你能坚持吗？”“能！”儿子肯定地点头。我答应了儿子学二胡，给儿子报名、买琴，从此儿子踏上了练琴之路。

2.保持孩子热情，以“专制”为辅。孩子坚持性差，兴趣易转移。在我的预料之中，儿子学了 5 节课后，对二胡的热情再也不如以前了，每天都不愿去碰琴一下。我用我的“专制”去干预了。“学二胡是你自己选择的，自己选择的，必须练下去。”在强有力的语言的“威胁”下，配上我制订的练琴计划表，儿子在我的威逼利诱下勉勉强强坚持着。一学期结束时，儿子的二胡成绩得了 10 颗星，一下子又把他的兴趣提了上来。在反反复复中，儿子已经学了四个多学期的二胡了。“专制”让他坚持下来了。

教育孩子不分时间地点，只要有一颗负责的心就够了。

抽象道理形象化

——如何跟年幼的孩子讲道理

张家港市高级中学 王武云

警察与吃药

儿子小时候生病，总不愿意吃药。让他明白吃药的道理并在生病的时候心甘情愿地吃药是在他 4 岁那年。

有一天晚上睡觉前，他又缠着我跟他讲警察抓小偷的故事。我突然灵机一动，跟他聊了起来。

“警察和小偷，谁是好人谁是坏人？”我开始挖陷阱。

“当然警察是好人，小偷是坏人了。”他非常肯定地判断。

“你喜欢警察不喜欢小偷，哪怕警察长得很丑，小偷长得很漂亮，对不对？”我进一步设套。

“那当然了，长大了我要当警察，去抓小偷！”他对警察的崇拜溢于言表。

“我觉得你根本当不了警察，因为你根本不喜欢警察，甚至讨厌警察。”我完全否定了他，给他泼一头冷水。

“为什么？”他很诧异妈妈为何这样断定。

“你生病的时候，那些药就是警察；让你肚子不舒服的病菌就是小偷。你吃药就是让警察到你的身体里去抓那个病菌小偷，药消灭了病菌，就像警察抓走了小偷。可是你呢？肚子不舒服的时候总不愿意吃药。所以我断定，你是根本不喜欢警察，更别说当警察了！”

小家伙沉默了许久，最后说了一句:“让警察到我肚子里去抓小偷吧。”

别人扔垃圾

楼上有一户人家,总是随手将垃圾扔在楼道口边上,无论邻居怎么明讽暗劝,她仍我行我素。

一天早上,我送三年级的儿子上学,又看到了那袋垃圾悠闲地靠在墙边,仿佛盯着过往的居户有没有谁理它。我看着实在碍眼,就跟儿子说:“汤宝,去把那袋垃圾顺手带到垃圾桶里吧,妈妈去车库推车。”我故意给他机会。

“凭什么？又不是我们家的垃圾！”他很干脆地拒绝。

“那这是不是我们家的楼道？有人污染我们家楼道，你要不要保护？”我开始循循善诱。

“那也是他们家的楼道啊！我们该怎么保护？”他开始据理力争。

“那你觉得他们素质高不高？”我把判断的权利交给他。

“低,很低。我不会随手扔垃圾的,我素质高。”他对自己很有信心。

“你知道素质低的人会被别人骂的。那你如何证明你素质高呢?不随便扔垃圾只是素质一般的表现,而不是素质高的表现。素质高的人做利人利己或者利人不损己的事。”我用对比的方式晓之以理。

“我知道怎么做了！”他似乎豁然开朗。

只见儿子心甘情愿、面露得意之色地将那袋垃圾提起并扔进垃圾桶。

像这样情境的教育，道理的讲解，一直伴随着儿子的成长。儿子今年已经十三岁，在外校上初一，认识他的人都说他是一个讲道理的好孩子。能得到这样的赞誉，我想这与我的教育方法有关。

作为一个语文教师，我明白语文学科的功能不仅仅是人文性的一面，还应关注其工具性的一面；不能只将那些书本上的知识应用于考试，而是要有意识地将其中的知识应用于生活。比如可以借助于语文修辞方面的知识，将生活中的很多抽象深邃的道理，转化为形象生动的话语跟年幼的孩子交流。因为年幼的孩子，不懂什么抽象深奥的道理，但又不得不跟他们讲道理，这就需要将抽象道理形象化，将其与孩子身边的、熟悉的、感兴趣的、理解的事物结合起来，还要用平和的语气，结合当时的情境跟他们讲解。如此一来，就能很好地达到跟年幼又不懂道理的孩子讲道理的目的了。

由吃虾引发的……

张家港市梁丰初级中学 范宇成妈妈 陈乐乐

晚餐煮了虾,老公一个劲催促儿子多吃点,可儿子却说虾太小了,剥起来太麻烦。听罢,我说:“那你看妈妈怎么吃!”于是,我把一只虾整个儿塞进嘴里,轻轻抿了几下,不一会儿,完整的虾壳很利索地从嘴里吐了出来。“怎么样,厉害吧!”我得意地看向儿子,儿子果然很佩服,并央求我将这“独门绝技”传授给他。我说:“关于这本领,还有一段故事呢!”儿子显然来了兴趣,表示一定要听一听。于是,我和儿子聊起了一段往事……

记得初三毕业考那个学期,我妈为了给我们姊妹俩增加营养,知道我们爱吃虾,就想天天买点虾慰劳慰劳我们。可是当时的虾不便宜,依照我们家的经济条件,天天买虾算是很奢侈了。怎样花最少的钱买到最新鲜的虾呢?我妈在菜场观察了几天,发现卖虾的人会把刚死的虾从池子里捞出来,放在一边卖。这些虾的价钱远低于活虾,但是只要及时煮,味道一点都不比活虾差。于是,我妈每天都会守在卖虾的摊位旁,看卖虾的人把刚刚死掉的虾捞出来放在一旁时,就立马跑过去买。为了这两全的好办法,我妈花在买菜上的时间总是比别人要长一些,站得总是比别人要久一些……

我看似云淡风轻地和儿子聊着,只见儿子默默地夹起一只虾,塞进嘴里,若有所思地抿起来。虽然他很费力地想吐出整个虾壳,但是没成功。忽然,儿子很郑重其事地说:“妈妈,这本领我不想练了。你不要像外婆那样去买虾哦,太辛苦了！”

吃完饭,儿子捧着练习册来找我,说有篇阅读理解很难,读不懂。我瞅了一眼内容,文章大致讲的是一个女儿去为母亲买面包,因为母亲要去春游。当她不经意间说出自己是为母亲买面包时,所有排在前面的人都为她让道,那一刻,作者感觉仿佛自己在走着一条长长的路,穿行在每一个母亲的情怀里,那一刻,她深深地理解了母亲……我对儿子说:“能听妈妈读一读这篇文章吗？”儿子点头答应。

我很用心地去读这段文字,儿子在一旁静静地听。读完,我问儿子:“你懂了吗？”儿子说:“嗯,你这么一读,我大致明白文章的意思了,因为我看到你的眼睛都红了。你是和作者产生共鸣了么？”

真巧,这个晚上,我和儿子聊的都是母亲的话题;真好,这个话题,我和儿子都各自有了收获！这是一个关于“爱”和“被爱”的话题,在我们的家庭教育中,想必都会触及。有时,我们苦于找不到合适的突破口,去和孩子聊这些话题;有时,我们费尽心思,反而会遭遇牵强形式化的尴尬。从买虾的讲述到美文的朗读,我忽然觉得,家庭中关于“爱”的教育其实更需要的是润物细无声地体味！不管是为人父母还是为人子女,都需要自觉体味的过程,这是一种内省;但是,我们也更需要将这种体味分享给彼此的过程,这是一种外化。只有内省于心,外化于行,这股爱的力量才会更持久。

放手让你单飞

张家港市合兴小学　黄海红

许是中年得子的缘故，褪去了青春的锐气，平添了几多平和。因而对于儿子我常常呵护有加。

享受着与儿子相处的点点滴滴，习惯于儿子妈妈甜蜜的使唤。不知不觉中儿子已渐渐长大，十岁成长礼上，老师让家长给孩子写一封信。沉思中我猛然醒悟，孩子是一个独立的生命体，他应该有自己的思想。我不能事无巨细地照顾他，爱孩子就应该让他有适应社会的生存能力。

一个阳光明媚的午后，沐浴着暖暖的春风。我带孩子来到公园欣赏着大自然独有的风景，我对儿子说："世界很大，妈妈会逐渐衰老，而你会越长越大，再美的生活你要有独自生存闯荡的能力和资本。你已十岁了，不再是小孩了，妈妈准备让你独自单飞了。"儿子似懂非懂地望着我说了句："我不要长大，我要做妈妈永远的宝宝。"抚摸着孩子稚嫩的小脸，我幸福地笑了。是的，我爱他，因为爱，我更应该让孩子尽早独立起来。

回到家我告诉儿子，你已经长大，首先学会自己的事情自己安排。包括独自睡觉、独自写作业、独自上街买东西……双休日自己洗红领巾、洗碗……儿子睁大双眼委屈地望着我，喃喃说道："妈妈不爱我了吗？"听着孩子的言语，我的心底有些湿润：儿子，妈妈永远爱你。可是正是因为爱，我不能替代你长大。

接下来的日子,为了让儿子感受角色的转变。下班回家的路上,我不再为孩子背书包,告诉他:“上了一天班,妈妈很累了。你是一个懂事孝顺的孩子,将来是一个顶天立地的男子汉。”儿子听了我的话,居然背起沉重的书包,还抢走了我的背包,大声对我说:“妈妈,我能照顾你。”看着儿子吃力的样子,看着路人投来异样的目光,我有些心软,我悄悄问自己:我这样做对吗?但另一个声音也从心底不断传来:我不能陪伴孩子一辈子。生活不可能永远鲜花怒放,不经历风雨,怎么见彩虹。双休日我开始躺在床上假装生病,看着儿子忙前忙后地照顾我:端水、炒饭,甚至还学着平时我照顾他的样子喂我吃饭。我心里真是百感交集。就这样儿子渐渐适应了脱离了我照顾他的日子。

寒暑假,我带儿子一起去推销,一起去做义工,一起去敬老院看望孤独老人。生活是最好的教科书,儿子逐渐变得更加勇敢而独立,善良而正直。遇到挫折,我告诉儿子可以哭泣,但不能放弃。记得有位父亲曾在他的书中写道:哪怕天下所有的人都看不起自己的孩子,做父母的也要眼含热泪地欣赏他!拥抱他!赞美他!为自己创造的生命永远自豪!哪怕孩子跌倒一千次,也要坚信他能在一千零一次站起来。爱孩子就应该让孩子有面对失败千百次站起来的勇气。家长是陪伴者,鼓励者,但绝不是包办者,替代者……

放手让孩子单飞的感觉真好!

放下手机陪伴孩子

张家港市塘市小学学生家长　张荣雷

据说，有一种病叫"离不开手机综合征"。病症如下：离不开手机，离不开网，或来到一个无信号区域，就整个人不好了，心里七上八下，没着没落……但是作为家长的你到底知不知道，总在孩子面前玩手机，对孩子的伤害究竟有多大？

记得在儿子五年级的时候，有一天下班回家，儿子在客厅里看电视，我进屋第一句话就是"儿子，作业完成了吗"？ 他抬起小脑袋，瞅了我一眼，没有吱声，继续他的动漫世界。我走到他跟前摸摸小脑袋，"电视很精彩吗？怎么不理我？"他还是无动于衷。吃饭的时候也是零交流，他只顾埋头吃饭，问他也是爱理不理，吃完就回房间了。我心想他今天肯定是碰到不开心的事了。饭后，我去儿子的房间，在他身边坐下，问他原因，他依旧把我当成空气一样，自己阅读着课外书。于是我就习惯性地拿出手机在那看新闻，刷微信，做着自己的事。此时的我们就像生活在一个空间里两个世界的人。突然，他嘟囔了一句，我没听清楚，问他"怎么了"？他终于忍不住说了句"你的宝贝就是手机"。当时我震惊了，儿子满脸委屈："你没有陪我，不管我玩的时候还是学习的时候，你都是在陪你的手机。"

儿子的话如霹雳划过我的心田。现在手机功能越来越强大，我也爱机成瘾，机不离手。很多次带儿子出去玩的时候，等得无聊，就拿出手机刷微信，看新闻。不知怎的，想起儿子四五岁的时候，我带他去公园玩耍。他和别的小朋友玩得正开心，一次次大声笑着向我奔过来，阳光下汗水晶莹剔透，满眼都是兴奋，上扬的嘴角全是快乐，跑到我面前对我傻乐。直到我微笑着对他点点头，他才又像快乐的兔子一样蹦开了。后来，儿子大了，我以为他不需要了。也许，儿子已经很多次向我投来期待的眼光，但都被我忽略掉了。

家庭是新一代成长的摇篮，父母是孩子最早的启蒙老师。家教既需言传，更重身教。家长老是低头玩手机，孩子如何受教育？家长天天玩手机，将来孩子也会是“低头一族”。“世界上最远的距离不是生与死，而是我们坐在一起，你却在低头玩手机。”这个网络上流传很广的抱怨，正是很多人真实生活的写照。为了你的孩子健康快乐成长，不要当“低头族”，要善当“沟通族”，多与孩子聊天、多关心孩子、多重视孩子，让“关爱的阳光照亮孩子幼小的心灵”！

同学被欺负了……

张家港市外国语学校 朱奕澄妈妈 路国琴

晚饭时,女儿义愤填膺地说:"今天我们班的小徐被别的同学无缘无故欺负了!"

爸爸说:"肯定有什么原因的,不然人家不会无缘无故去碰别人的,说不定人家是不小心碰到了或怎么的。"

我眼神加手在下面轻轻一拉示意老公,老公不说话了。

女儿嘟囔了一句:"他就是被别的班同学欺负了,连老师都说了。"

爸爸发话了:"你在现场吗?你看到事情经过了吗?……这件事情与你无关,管好自己就行了,别人的事情少管。"女儿嘴巴一翘,扒拉着碗里的米粒儿,很不开心。

本以为这件事情就这么过去了,没想到晚上散步回家,看到班级群里徐爸爸的留言:"今天小徐在课间被别的班的同学欺负了一下,得到了班主任老师和众多同学的帮助和支援,小家伙回家路上和我一路喋喋不休讲回家,很兴奋,也倍感集体的温暖。在这里,感谢班主任老师的刚正不阿和古道热肠,感谢同学们的侠义心肠,正直和友爱。虽然是一件小事,但让小孩对浓浓的师生情谊,集体和正义的力量都得到了很好的感受和启迪,谢谢老师和同学们!"

小丫头在写作业,我觉得我必须和她说点什么。"打扰一下。你今天为什么会说小徐是被别的班同学欺负的呢?"

"我们班主任老师说的呀,就这个事情老师讲了很多呀!"

"嗯,宝贝,真的对不起。今天爸爸妈妈没有认真听你说小徐的事。

刚刚徐爸爸在群里特别感谢我们班的同学和家长。妈妈觉得你虽然没有在现场，没有看到整件事情的经过，但是你通过老师和同学的描述能够做出自己的判断，很有正义感，听到同学被欺负了，同学们热情地帮助小徐同学，都很有爱，我觉得你们班的同学和老师也特别有正义感！在这样的班级你很幸福！”

女儿听到这里，笑眯眯地说：“妈妈你走吧，我要认真写作业了。”

和丫头聊完，我进房间把聊天记录给娃她爸看了下，和他说道说道今天孩子班里发生的这件小事。女儿自进入五年级后，脾气越来越大，从原来的“小话痨”变得话越来越少了，开始报喜不报忧了。今天孩子班里发生的这件小事让我们反思：到底是女儿不愿意和我们说心里话，还是我们关上了女儿向我们敞开心扉的大门？女儿的变化除了进入青春期初期的原因，是不是我们做父母的该反思我们和孩子的沟通方式？是不是工作忙、觉得孩子小就理所当然地没有认真听孩子说话？

反观我们的原生家庭，因为传统观念、工作的影响，父辈教育子女相对简单粗暴，也间接地影响到了我们对孩子的教育。听的少、说教多，批评指责的多，肯定鼓励的少。

只有我们父母先试着改变自己，改变自己对待孩子的态度，学会认真倾听，尊重孩子，孩子才有可能愿意和我们交流。从那以后，我们试着努力理解女儿、凡事多想想，怎么和女儿表达才是她能够接受，愿意听的；试着尽力在家里控制自己的情绪，不让工作影响我们的家庭生活；试着学会换位思考，让我们和女儿的沟通越来越顺畅，让我们都觉得很幸福！幸好，一切都不晚！

我家的家风

张家港市云盘小学 王溪成家长 刘晓蔚

提到家庭教育,让我想起了过世的外公。外公出身名门,但从不骄纵,一辈子清清白白做人,踏踏实实干事,把"以诚待人,厚德载物……"的家训铭记于心。外公常说:"话说千遍,不如做一遍,良好的家风是一个家庭最大的财富。"那时年纪小,并不能明白家风是什么意思,现在想来,好的家风就是世世代代良好的家庭教育。

和外公有太多的回忆,点点滴滴,每每回想起来,都感动不已。

言传身教是最好的教育

记得小时候,外公接我放学,经过烤地瓜的摊位,香气扑面而来,我嚷嚷着要吃,可外公从来不在附近的摊位买,而是到离家较远的地方买。不是因为那里的味道好,只是为了关照那个带着智障弟弟艰难度日的小哥哥的生意。回来的路上,外公对我说:"别人困难时,帮帮别人,看看自己的好日子,要学会感恩,不要抱怨路远,要有一颗宽厚的心,能够给予别人,是件幸福的事。"外公从不在字面上和我解释"厚德载物"为何意,而是身体力行地做一些好事,感染我,教育我,让我懂得许多做人的道理,让自己健康茁壮地成长。

有时无声的教育胜过千言万语

虽说是个女孩子,小时候依然很淘气。记得有一年过年前,乡下的亲戚送来几只母鸡，外婆一看，个个生蛋，舍不得杀了吃，而是在院子里垒了个鸡窝，养了起来。我淘气，故意把鸡的腿绑在了树上，把鸡的食盆放在鸡够不着的地方，看到母鸡吃不到食，急得转来转去，拼命扑打着翅膀，我露出了狡猾的笑容。这被外公看在了眼里，他并没有吭声，而是等我晚上吃饭时，将我也绑在了椅子上，把菜放在我够不着的地方，我急得哭了，外公说："你知道吃不到菜伤心了，那你这样对待母鸡，它不伤心吗？以后做任何事情之前，要先想想别人这么对你，你会怎样？你做的事情会不会伤害到别人？"我接受了惩罚，一点也不感到委屈，真正觉得自己做错了。

诚信是做人的根本

和现在小朋友一样，我小时候也会帮家里人做事挣点零花钱。有一次帮外婆去买面条，别人多找给了我钱，我当时发现了，没有还给卖面的奶奶，而是跑到隔壁的零食店买了根棒棒糖，边吃边回了家。外公看我吃起了棒棒糖，立马明白了，“是不是卖面的奶奶多找了你钱了？”我一脸惊讶，“外公你是神探吗？什么都逃不过你的眼睛。”“花了多少钱，我给你，赶紧给奶奶送去。做人要诚实，这是我们家的首条家训，都忘了吗？还完了钱，抄写家训十遍。”我为贪吃付出了代价，现在想来，感谢外公的教育，及时纠正我的错误，把我变成了笔直生长的大树，让我少走了很多弯路。

家风是一个家庭的风尚，良好的家风是要传承的，这是祖先留给我们最大的财富，我也以此教育我的儿子，希望他健康地成长，做个优秀的人。

情缘家访

张家港市实验小学(北校区) 陈彩琴

有一种恩情终生难忘,有一种教导受益匪浅,有一种关怀滋润心田,有一个名字刻在心间。教师节,祝亲爱的陈老师节日快乐、身体健康、工作顺利、生活幸福!

——您的学生大苏

这条短信每逢节日便会如期而至。想起大苏——一个情商很高的孩子。知我爱花,他常帮我摘花弄草。前往家访,心底里希望能找到孩子成绩上不去的原因,顺便再提醒家长该做些什么。

那天早上,当我问及晚上父母可有空时,大苏就嚷道:“老师,我妈妈有空的,还请你到我们家去吃晚饭。”“饭就免了,你少让我操点心,我就谢谢你了!”我笑笑,拍了拍他的肩膀,他憨憨地笑……

放学时,接到大苏妈妈的电话,说大苏的爸爸开车在校门口等我,说来接我去家访。哪有这么热情的家长?!我坐上车,苏爸就寒暄开了。

到大苏家时,大苏早就迫不及待地在小区门口,望穿秋水般地等候了。看到我的到来,他竟雀跃欢呼起来:“老师,快来!我家有很多花呢!”这家伙,知道我爱花成痴,先抛出诱饵。我下意识地搂紧他结实的肩膀,微笑道:“好!你来介绍介绍!”他腼腆得很:“其实是我妈妈种的,我只是小跟班,让我妈妈介绍吧,我要上去做作业了!”

说着,把我拉到他妈妈身边,一溜烟上楼去了。临了还不忘叮嘱妈妈,把水果洗洗,陈老师最爱干净!

看着孩子的一颦一笑，听着孩子的一言一语，我突然觉得我家访的初衷在这一刻是多么苍白。

和苏妈聊起来，发现苏爸苏妈在孩子的学习上不知操了多少心，学这学那，请家教，上补习，学游泳，上EF，既有学习上的辅导，又有能力方面的提高；孩子成天也忙忙碌碌的。虽然学习上马马虎虎，但孩子的情商相当不错。也是，就看他今天的表现，远不是课堂上常被我批评的那熊样。哎，孩子，我要不家访，哪能看到你这另外的一面呢？原先准备的那一套说教，我咽回了肚子，只是很虔诚地送上我为大苏买的两本书：《富兰克林罗斯福传》和《做个真正的男子汉》；婉言谢绝了苏爸苏妈的晚宴。

回来的时候，坐在苏爸的车里，心中不再空落落的。第二天，大苏在日记上写了这样的文字：“我感受到了快乐，这份快乐是陈老师那亲切、幽默而又充满热情的话语带来的，是陈老师的书带给我的。”

作为教育工作者，成绩应该不是我们追求的唯一目标，不抛弃、不放弃才是我们追求的教育价值取向。考全市最好的初中虽是精英者之间的较量，我们必须为这些精英奉献我们的所有，但奉献的同时不要遗忘，也不应该遗忘那些更需要关怀的“弱者”。一个关注的眼神，一句温暖的问候，一个爱抚的动作，一句耐心的解答就极有可能改变这些需要关怀的“弱者”一生。

上善若水，厚德载物。正因为这次家访，才有了这么多年来如涓涓细流般的脉脉情愫……

左手青春，右手阳光

张家港市外国语学校　杨佳琳妈妈　邵愉妹

几乎所有的教育书籍、网络文章都向人们阐述着青春期的孩子多么难教育，多么难沟通，以至于女儿还没有到青春期，我就开始焦虑。事实上小学期间，女儿和我关系一向是母慈子孝，并没有网络上流传着的指导学业中的鸡飞狗跳。

当我还在享受着母女和谐关系时，渐渐地发现，女儿对待长辈的态度在改变，看一段她与奶奶的对话：

“天气冷了……”

“哦，所以呢？”

“多穿一件衣服吧……”

“那是你以为冷吧！”

“我给你把一件羊毛衫拿出来……”

“都说了不要，就不要！”

再看一段女儿和我的对话：

“可以了，看电视很久了，去做作业。”

“哦！”

“最多再看十分钟！”

“嗯！”

“把电视关掉！做作业去！”

“不要。”

“你可以做完作业再来看！”

“哼！”

与女儿的对话，她的字貌似越来越少了，而大人跟她讲道理，她总是说“烦死了，走开”！难道这就是青春期的表现？好吧，我忍！脾气暴躁的我一忍再忍，多想想女儿是亲生的，对她这种阴阳怪气的话一再退让。终于在一件小事中爆发了。全家陷入低气压的氛围，爸爸、爷爷都来打圆场，无奈母女两个人就像斗鸡一样，谁也不退让。

等到我火气退下，女儿也不再那么尖锐了，我严肃明确地对她说：我们谈谈吧！可能女儿拉不下脸，在房里捣鼓，拿出一本书放在我面前，仔细一看，竟然是“关于青春期的表现”章节。我一愣，本来板着的脸笑了出来：“你是想告诉我，你正是青春期，这些是正常表现吗？”

女儿点点头“嗯”。

“那你觉得这样子好吗？”

女儿不回答。

“妈妈觉得，你已经了解自己到了青春期，这很好。但并不表示到了青春期就一定要对大人这种态度，你有想法可以和大人心平气和地交流，让一家人都这么不开心，这样很不好。青春期表示你长大了，长大了首先要做一个孝顺懂事的孩子，这应该从尊敬长辈这种小事情开始。如果从小对长辈大吼小叫，你认为长大了会好到哪里去，养成不好的习惯，步入社会后吃亏的是你自己。一个家庭要幸福地生活，每个人都应该为之付出努力！这次的事情过去了，下次大家一定要注意了！”

这次谈话并没有多长时间,因为我相信女儿听进去了。事实上,她肯定也反思过了,要不然,她也不会让我知道这是她青春期的表现。事情翻篇了,一家人再也没有提起过这件事。

全家人在平时生活中,有意识地注重交流、商量、听取他人的意见,转变就在不知不觉中。当女儿开心或者不开心时,都会和我聊聊,说说自己的想法,并且要求我说说小时候碰到这种情况后的做法,再有郁闷的事情在母女俩哈哈中一笑而过。现在经常听到奶奶说:“我家孙女最听我的话了!妈妈叫她穿衣服可能不听,我叫她肯定听!”瞧瞧,现在都会“哄”老人了!

其实孩子在成长的过程中,作为一个独立的人,总是会有这样那样的情绪,一方面可能是步入青春期后的叛逆,另一方面,不是青春期的人也需要发泄。我们要做的除了原谅孩子的不好表现,更多的是要引导他们,让他们知道:青春期,除去叛逆,还可以享受美好,家庭的、朋友的、同学的、社会的……

祝愿所有的孩子,左手青春,右手阳光,养成正确的是非观、价值观,让青春期成为大家最美好的回忆。

亲子沟通的“堵疏”艺术

张家港外国语学校 李若尧妈妈 王亚

“妈妈，最近还是你帮我保管吧！”餐后，我正在厨房忙碌着，身后突然传来尧同学的声音。循声转身，呈现在我眼前的是尧同学心爱的“华为 nova”手机。“还有两个星期就考试了，我怕它让我静不下心来复习，还是给你保管吧，等考完试再还给我。”“没问题！”我满心欢喜接过她的手机。

“妈妈，‘新概念’我还没开始背诵，接下来我每天背 4 篇，争取过年前都背完。”的确，放寒假有一段时间了，但每天的学习还是有些忙碌，“新概念”真还没怎么复习。“支持你的想法，背诵录视频我一定配合你！”我信心满满地对她承诺。“不过，我想偷懒时你还是要提醒督促我一下，我觉得还不能坚持做到很自觉。”尧同学又补充。

正上初二年级的尧同学，总说自己有“强迫症”，但当“强迫症”遇上“懒惰症”“拖延症”时，又总是难分伯仲、旗鼓相当。每每此时，尧同学的求助信号就会发出，而我和尧爸，则欣然配合。

每个孩子都是不同的个体，最了解孩子的还是家长。因此，根据自家孩子的性格特点、脾气习性进行实践才是最重要的。以“手机”这个话题来说，听过不少亲子之间因此而“道高一尺魔高一丈”的战争，看过太多手机因此而“粉身碎骨”的案例。我家也不例外，也曾上演过“手机”引发的“暴风雨”，但“暴风雨”过后坦诚的交流后，让我们家的手机使用有了这样的约定：

约定一：手机平时由她自己保管，充电固定于客厅茶几，晚上不带入房间。

理由:首先,手机放在客厅显眼的位置,全家人都看得到;其次,每天看着手机又不去玩,还能锻炼自制力。

约定二:周一至周五无特殊情况不使用手机,如特殊情况确实需要使用,先和父母说明情况,经许可后也可使用。

理由:首先,周一至周五学习节奏比较紧张,尽量避免手机的“打扰”;其次,特殊情况特殊对待,凡事好商量。

约定三:周末或节假日可适当玩会手机以调节紧张的学习节奏,但必须确保不影响作业完成时间和效率。

理由:首先,孩子不是生活在“真空”,应该支持她与周围的小伙伴沟通交流,不至于在群体中“out”;其次,必须尊重和接受手机的多功能性,跟上现代社会信息获取的方式多元性特点,通过手机也可以了解当下的新闻、热点话题等信息。

基于以上双方共同的约定,尧同学的“手机”基本在这样相对民主但又有一定约束力的情况下自由生长。当然,这些约定也经常会有附加条件诞生:成绩波动较大时,手机使用时间有奖励也有惩罚;逢年过节家人欢庆时,手机可加入“抢红包”的节奏……

亲子之间出现矛盾分歧时,与其简单粗暴“堵死”,不如有的放矢“疏通”,先解决“心情”才能更好地解决“事情”。特别是面对青春期的孩子,尊重、理解是解决矛盾冲突的首要前提。基于此,彼此才能建立信任,有了信任才能更走心、更有效地沟通,敞开心扉地交流,才能真正解决问题。此刻,想起尧同学主动请求我们帮助她约束手机、背诵“新概念”的情境,甚是欣慰,那是她给予我的一份真真切切的信任,但与我而言,接过的更是一份沉甸甸的责任。

当孩子遭遇白色鸦片

张家港市南丰小学　黄莉红

从小小乐就很听话，对他我也一直很放心。台式电脑一直放在他的房间里，也没有设置密码。一天晚上起来倒水，发现他的房间里有蓝莹莹的亮光透出，轻轻打开房门，发现他正在玩电脑。时至午夜，怕影响孩子睡眠，没有过多责备。只是，第二天，电脑加了密码。

原以为这堵住了源头就解决了根本问题，但孩子的潜力真的是无穷的。不知什么时候，他居然破解了密码，常乘我们不在意的时候玩游戏，后来更发展为和同学约好半夜联网打游戏。发展到这个地步已经不是简单的说服教育或是棍棒教育能解决的了。当时的心情不能用言语表达，那份焦虑、后悔不言而喻。

冷静过后，发现惩罚没有用，解决问题，帮助他戒掉打游戏的瘾头才是关键。当时在网上也搜了一些戒网瘾的方法，总觉得太过于严苛，对于初入青春期的孩子来说，可能一个操作不当，更激发孩子的叛逆性。不能在家里玩就往外发展。顾及种种，和他深入地谈过以后，平时不再念叨这件事。我从外部着手，从环境氛围开始，我要给孩子创造一个没有网游的环境。一是我们约定，在家里除开必要的接打电话、工作需要外，不使用手机、电脑等电子产品。二是和其他孩子家长联系，关注自家孩子入迷网游的问题，断绝同学间相互攀比的情况。三是和班主任老师联系，请她帮忙组织教育活动，让孩子认清游戏的危害，用班级舆论的力量让孩子走出迷途。

三管齐下，确实有效果。他知道打游戏不对，可只要闲下来，还是对游戏念念不忘。"妈妈，我作业做完了，让我玩半小时游戏好不好？"这样类似的语言经常出现。曾经爱看书的娃心里眼里只有网游了。我知道，这其实是一种精神依恋。要想孩子完全脱离白色鸦片的侵蚀，我还有很长一段路要走。这时候让他静下心看书是做不到的，要让给有趣、对他更有吸引力的事情来转移他的注意力。孩子喜欢动物，尤其喜欢狗。和他商量后，一只小比熊走进了我们家，他负责小狗的吃喝拉撒。这样，闲暇的时光里，有一只小狗在他身边陪伴他，给他带来了许多乐趣。平时我们也尽量少懒散些，周末有时间就一起看电影，看一些有趣的、有意义的综艺节目，到户外远足。使他的目光不再盯着电脑，盯着游戏。让他觉得外面有更好玩的，有趣的新大陆等着他发现。

孩子就是一面镜子，照着我们生活百态。当我们的生活习惯不健康时，孩子的症状往往比我们严重，遭受的伤害更大。毕竟孩子的自控能力、身体素质要远远弱于成人。

不管是为了孩子，还是为了做更好的自己，让我们收起手机，多陪伴孩子，走出网络虚拟世界，走进大自然清新的天地。

设立“珍珠时刻”，守护孩子的幸福感

张家港市南丰小学　蒋丽萍

从帅帅一岁多开始，每天晚上他睡觉前的一个小时就是我们家的“珍珠时刻”。通常这个时候，我和丈夫都会放下手中的事情，陪在他的左右，或是讲故事，或是聊天，或是讲笑话，或者是做游戏。

无论怎样度过，这一个小时都是我们家一天中最温馨和幸福的时刻，我和丈夫也仿佛回到了儿时无忧无虑的快乐时光。

在帅帅上幼儿园后，“珍珠时刻”变得尤为可贵，因为幼儿园是孩子第一次脱离家庭小团队，接触到的较为广阔与复杂的环境，无论是孩子的身体，还是心理都会发生一系列的变化。

入园后，除了讲故事，我们还会利用这个时间，经常跟孩子聊一聊幼儿园的趣事，或是听听孩子的想法和感受。很多幼儿园里发生的事情，我们都是在这个时候知道的。因为孩子是在放松的状态，才可能愿意或是想起将某件事原原本本地告诉家长。

我们从孩子的口中大致了解幼儿园日常生活安排、老师对待小朋友的态度，以及他适应幼儿园的能力。帅帅有次临睡前感叹道：“我们家好幸福啊！”虽然他小大人的口气逗得我们哈哈大笑，但是我们也深深感到，作为负责任的父母，为家庭创造一个“珍珠时刻”是非常必要的。

在每天晚上的“珍珠时刻”，我们不仅有效地增进了亲子关系，而且还利用这个机会寓教于乐，让孩子学到了很多知识。

很多时候，教育是无痕的，机会就在每一天的点点滴滴之中，家长需要善于利用。如果不珍惜，这些了解与教育孩子的机会也就转瞬即逝了。

帅帅的一位好朋友的妈妈听了我的建议，也在家里设置了一个“珍珠时刻”。但没过多久，她的儿子只要一听到她说“珍珠时刻”到了，就立刻装睡。她使出各种办法，孩子就是不配合。我问她“珍珠时刻”是怎么做的，她说他们也会讲故事，做游戏，但是孩子父亲如果听到孩子说在幼儿园被老师批评了，就会给他讲道理，要求他明天去向老师道歉。他们夫妻因教育孩子意见不统一，常常吵起来。显而易见，他们没有理解“珍珠时刻”的意义。本应表达爱意，拉近家人亲密关系的时刻，反而搞得剑拔弩张，别说孩子，即使成人，也会对这一刻退避三舍。

我对这位妈妈说，在你设立的家庭最亲密的时刻，孩子把被批评的事告诉你们，他的内心一定很痛苦，很希望你们帮助解决。可是你们采取这样的处理方法，你认为他将来会信任你们吗？很有可能，如果再出现类似的事情，他就会用隐瞒和撒谎来应付你们。

一段时间后，经过他们的改变，她告诉我，儿子认为“珍珠时刻”是他一天中最幸福的时候。因为只有这个时候，严厉的爸爸才会和他打闹成一团，还时不时给他讲怎样做个了不起的男孩。孩子在幼儿园的表现也越来越自信。

要建立亲密的亲子关系，并非一朝一夕就能实现。其中最重要的就是父母全身心的陪伴和无怨无悔的付出。

我们既然养育了孩子，就应该给他幸福感。有幸福感的孩子，才可以拥有自信和安全感，才可以成长得更为优秀，更能找到属于自己的幸福。

自律让人生更自由

张家港市第一中学　武燕

前几日，我在朋友圈发出的一组女儿在餐厅里看书、做读书笔记的照片获得点赞无数，朋友们纷纷感慨：“你家孩子怎么在餐厅里还能看书，让我家孩子放下手机简直就是幻想。”

朋友的话让我不禁反思“我家的手机危机是如何化解的”？要知道，曾几何时，女儿和我每天提的要求也都是“能让我玩会 iPad 吗”“我要打会儿游戏”，家庭气氛一度紧张。最严重的一段时间，老师告诉我女儿上课很疲惫，询问是不是学习太辛苦了，我们都没有想到乖巧如她的孩子也会做出半夜在被窝里玩 iPad 的事情。等我发现的时候，愤怒、挫败等等情绪涌上心头，差点儿把 iPad 扔了。

往事不堪回首，我开始仔细思考游戏对孩子的诱惑在哪里？主要说来：竞技游戏可以让人产生成就感，团队游戏可以让人产生归属感，简单的游戏可以减轻压力，包括打游戏这件事儿本身都可以让孩子与同学之间有话可说，自然而然地形成一个朋友圈子。

鉴于以上思考，我认识到游戏如洪水猛兽，堵是堵不住的，只有靠引导。我在心里明确了一个态度：“游戏是儿童的权利。”女儿有玩游戏的权利，但游戏不仅仅是电子游戏，我要让她的生活丰富多彩起来，我坚信生活的丰富性、真实性足以对抗电子游戏。

女儿喜欢画画，玩游戏时很多时候也在玩画画类的游戏。我总鼓励她自己动手画，每一次她的作品，我都会发布朋友圈，然后拿了大家的评论给她看。女儿嘴巴上虽然不以为然，心里还是欢喜的，再画了画儿，总是拿到我面前，故作骄傲地说：“拿去发朋友圈吧，去满足你的虚荣心吧！”

画画的时间一多，打游戏的时间自然会少。与女儿的互动多了、鼓励与肯定多了，亲子关系自然也好。这时候，我会和她讨论网络的虚拟性、游戏的商业本质以及人生的意义和价值；会和她谈论社会热点，会引导她把关注外在对自己的评价转移到自我评价上；会在她面前朗读一篇文章、一首诗，把她空余时间的注意力转移到无限的世界中。我好像在不停地告诉她：世界这么大，你应该去看看，人生这么短，你要抓紧时间去做那些你最想做的事情。

女儿借我之手，翻开了一本本名著。我又成了她最忠实的听众，我与她讨论、提出问题、听她讲解，还负责赞美她的才思敏捷、勤奋刻苦。日子长了，点滴积淀，女儿的谈吐越来越自信，作文越写越好，她渐渐知道读书的好处，书都来不及读，哪里还有心思想着游戏。

这时，我和女儿开起了玩笑：“去打会儿游戏吧，要不和同学都没得聊。”女儿自信地回答我：“他们和我在一起不聊游戏，他们喜欢听我的！”是啊，为了寻找共同话题而打游戏，只能做一名追随者，读有用的书，专心做自己，反倒可以成为一名领导者。

女儿的成长让我欣慰，这里最大的智慧是父母本身对游戏的态度、对生活的态度。要知道，在让女儿放下手机、爱上读书的过程中，成长的不仅是女儿，还有作为父母的我们。

自律让人生更自由，这是我最大的收获。

暗恋的魔力

张家港市白鹿小学 柯晓莉

时光飞逝，一晃那个穿什么都“随便”的儿子开始注重起了自己的仪表，留什么发型，穿什么衣服，穿什么鞋子都有了自己的主张。种种迹象表明儿子有情况！

一次饭后闲聊，他告诉我，他的两个“死党”都有喜欢的女生了。我顺势问他：“那你有喜欢的女生吗？”“你猜呢！”“我猜有！”他呵呵浅笑，“是金××吗？还是俞××？”我真的猜起来。“好了，不要乱猜了，告诉你吧！反正老师和同学都知道了。”我顿时愕然，难道真的时代不同了？初中男生有了喜欢的女生，竟然都无需掩饰且能搞得人尽皆知吗？接着，他真的大方地说出了那个女孩的名字，不是我想象中的漂亮主持人金××，也不是成绩一直遥遥领先的学霸俞××，而是一个默默无闻的女生张××。我很好奇，问儿子：“你喜欢她什么呢？”“勤奋！”儿子铿锵有力地说出了两个字。我顿时明白了，因为儿子不勤奋，所以他喜欢的女生特质，首选便是“勤奋”，我笑着说：“你还真是缺什么补什么啊！”

因为我们家向来都很民主，所以对儿子有喜欢的女生一事，我和爱人都没有阻拦，且表示理解，而且还针对“勤奋”二字对儿子进行了一次反常规教育。首先，我调侃着说：“张××是个很努力很勤奋的孩子，而且长得也漂亮，儿子眼光不错！”他有点小得意。接着，我说：“张××这么勤奋，你如果不勤奋，成绩还比她差，她会喜欢你吗？”这回，他沉默了。慢慢发现，儿子变得勤奋起来了，以前不愿做的练习题也愿意拿出来做两道了,晚上睡觉前还要主动背一会英语了,竟然连“上英语课睡觉”这一被他自己称为“不可抗力”的恶习也因为怕被张××瞧不起而改了过来。最有意思的是,上学期的期末考试,他一下挤进了班级前五,把张××远远地甩在了后面,真让我不由感叹这暗恋的魔力。

教育家苏霍姆林斯基说过:“必须了解儿童,了解他的精神,体会他的思想和内心感受,小心翼翼地去触动他的心灵。”所以,作为父母,我们一定要做孩子的朋友、伙伴,倾听孩子的声音,走进孩子的心灵。尤其是青春期的孩子,也许他们还幼稚,还不懂事,但你的尊重、理解、倾听、鼓励和肯定一定能给孩子温柔、安全的心理体验,从而促进孩子快乐地学习和成长。

改变从控制开始

张家港市塘桥初级中学 秦晓丹

“你怎么又看电视了？”“你的视力又要差了，快把电视关了！”儿子气得直跺脚，“我刚刚看，我就是要看。”然后又把声音调得更响了……于是一场家庭风暴又开始了。很多时候，家里一直因为儿子的某些小事而大吼大叫，可是吼完之后，儿子继续着他的不当行为，没有任何改变。我很无奈，直到那次……

儿子从小喜欢吃甜食，特别是春节期间，会找机会吃很多甜的东西。那天家里有一个小蛋糕，他吃过晚饭后又兴奋得开始品尝了。我告诉他晚饭后不可以吃太甜的东西，因为热量很高，对牙齿也不好。他听了很不高兴，悄悄地把甜食藏起来。在小房间里悄悄地吃，被我发现，我又控制不住自己开始评判他。当他听到我的批评时，很不高兴，还发脾气把甜食扔在桌上，嘴里念念有词说：“把它弄地上踩烂。”

然后看到他愤怒的样子，感觉他真的会发脾气把甜食扔在地上，那么又会发生新的矛盾冲突了。

突然意识到自己应该冷静，自己要谨慎对待这件事。我走过去拉他的手，将他手里的甜点扔进了垃圾桶，拉了他的手去洗手，然后没有再啰唆一句话，把这件事暂且放下了。

过了几天，我特意让儿子陪我去看牙医，并且让医生检查一下他的牙齿。医生告诉儿子他现在有几颗蛀牙，还比较小，提醒他以后要注意牙齿保健，不能吃太多的甜食。面对医生的嘱咐，儿子有点震惊，以后每次他想吃点甜食时，都会征求我的同意。

试想，儿子对于自己喜欢的甜食的克制，是源于自己的内心克制，而这份内心克制是他自己亲自体验了甜食对他牙齿的损害。试想，如果那天晚上我使劲评判他，肯定会适得其反，儿子不仅不听我，甚至可能出现更偏激的行为。很多时候，在处理和孩子的矛盾时，我首先会控制自己的情绪，也给孩子一个心理缓冲的时间，然后再想办法解决。

孩子在情绪失控的时候，是听不进任何道理与劝说的，任何的指令在这个时候发出都是无效的。这又让我想到青春期的孩子。我的许多家长总是跟我抱怨，他的孩子不愿听他了。当孩子考试不理想时，刚说个一两句话，就被堵回去了，根本听不进。其实父母在孩子考试失利的时候有没有想过孩子的情绪问题，也许他本身就处在一个比较难过沮丧的情绪氛围中，此时父母再去批评，无疑就是火上浇油，一下子激出了孩子的失控情绪，当然这样的教育是无效的。

只有关注了孩子的情绪，及时发现孩子失误问题，适时引导，才有解决的可能。

很多习惯是在潜移默化中形成的，孩子的问题很多时候是自己的问题，孩子的喜好往往也是自己的喜好。我们得用一种宽容地心去面对孩子的每一次行为，并用冷静和理智去纠正每一次孩子的过错。改变孩子，从改变自己开始。

放开手，给孩子成长的空间

张家港市福前实验幼儿园 陆燕

有句古语说：授人以鱼，不如授之以渔。帮孩子解决问题，不如教给他们解决问题的方法，方可培养孩子自立能力。

表姐家的优优5岁上幼儿园小班，是一个很可爱的孩子。新年里，优优跟我家蒙蒙在一起看电视，玩拼图。优优说她要吃开心果，我拿了几颗给她，她剥了一颗剥不开，很生气地往地上扔去，哭闹着不愿意再剥了。我说，优优，你看阿姨是怎么剥的，你试一下，我们要勇敢地面对困难，想办法把它剥开。她一边摇头拒绝，一边强硬着要让我帮她剥，任由我怎么去鼓励她，都无济于事。表姐听到哭声，从厨房出来马上把她抱起说：“优优不哭了，妈妈给你剥，剥好多好多。”这时表姐惊奇地看着旁边的蒙蒙，赞赏道：“蒙蒙你怎么那么棒，都会自己剥了。”我说：“我们从小就让她养成了多观察多动手的习惯，遇到困难要自己想办法解决。这些开心果也有她剥不开的，但她会自己想办法。”蒙蒙说：“剥不开的，我用牙齿咬开。”

没有哪个孩子天生什么都会，也没有哪个孩子天生就是独立的，这都需要后天的锻炼来完成的，靠父母的引导来实现。5岁左右的孩子虽然年纪小，但有很多事情可以自己去做。当他们遇到一点困难与挫折的时候，我们轻易伸出援手，孩子就会在心里认同自己求助的做法理所当然的，我们的帮助也是理所应当的。这样的做法，致使孩子在以后遇到了困难，就会立刻寻求帮助，这样无疑让孩子丧失了面对困难克服困难的机会。

蒙蒙在动脑拼图,优优也凑过去拼,没拼一会,就不停的问蒙蒙这块往哪放那块又在哪？表姐见了又是毫不犹豫地蹲下来，对优优说：“宝宝，妈妈教你吧，把这块放在那块的上边，这一块图形放在右下角。”整个过程都是表姐在动脑操作,优优得到的仅仅是表姐完成后的成果展示,并非自己的成功。

生活中,大部分父母总想替孩子把一切都搞定,即使孩子在玩玩具,也要在旁边给出各种指导。但事实告诉我们,这样做是对孩子探索能力和抗挫能力的一种破坏。有时候孩子需要自己去完成一件事,需要经历失败,才能增长经验。所以我们要接受“生活中难免会遇到困难和挫折,对孩子要学会放手”的观念,要有足够的耐心引导孩子克服困难,这样才不会培养出经不起磕碰的“瓷娃娃”。

尊重，是孩子成长的动力

张家港市福前实验幼儿园 朱亚芬

一个孩子得到大人的尊重，长大后他也就会懂得该如何去尊重他人。我们永远无法知道，我们平日里一个小小的行动，一句轻微的话语对孩子能产生怎样的影响。

在超市里，儿子拿着一盒沙泥说我想要买这个。这样的沙子容易撒在地板上，难以清理，我拒绝了他的请求，并说明了拒绝的原因。

他闷闷不乐地把沙泥放回了原位，一脸沮丧地跟在我后面，看得出他很不开心。

我反省自己是不是管得太多了，难得他喜欢一个玩具，还再三保证能保持清洁卫生，为什么不满足他一下这个小小的愿望呢？地板上脏了清理一下就行，和童年的小快乐相比又算得了什么呢？平时常常把尊重孩子挂在嘴边，但是在实际情况中却这样专制，这是我的教育理念吗？于是温和地对他说你拿吧，但是注意不要撒到地上哦。他开心得一蹦三尺高，拉着我的胳膊直撒娇：“就知道我的妈妈最好啦！”

回家后整理购物袋中的物品时却没有看到那个沙泥，问他有没有看到，他平静地说我放回去了。“为什么？你不是很想要吗？”我好奇地追问。他一边倒薄荷水，一边云淡风轻地说：“如果我不小心弄到地板上了，你要哭的。上午你拖地的时候看到了厨房间的脚印，不是差点哭了吗？”说完，他递给我倒好的薄荷水，“妈妈，给你。”

感动和内疚就像一阵海啸在心里翻江倒海。

曾几何时,我们看着逐渐长大的孩子一天天变得更有主见,变得更会自己规划事情,我们是多么欣慰;有时候看着他们坚定地做一件事,我们已经预见了可能会遇到的困难,想给他们可以借鉴的建议,可他们坚持自己的想法,我们又是那么失落。我们也曾经年轻过,这个年龄的孩子,最需要的可能不是我们不撒手的保护,不是霸道的爱,而是尊重。尊重他们的想法,尊重他们尝试的权利,尊重他们失败的机会,尊重他们的成长。

早上我打扫卫生的时候,他要陪伴在身边,所以地上留下了很多脚印,我没有批评他,而是直接说出自己的感受。对于粗线条的男孩子来说,这是最明确的指令,同时也是尊重了孩子想陪伴的心理,在这样的情况下有助于孩子想出下次避免这样情况的方法。超市里他想买沙泥的时候,我最后尊重了孩子选择和决定的权利,让孩子感受到了被信任和被尊重的满足感,从而设身处地地考虑到我打扫卫生的不便,最后自己放弃了沙泥。这是孩子自己的决定,所以他能够心平气和云淡风轻。

孩子的成长离不开我们的呵护。但是在陪伴孩子成长的路上,我们最要学会的不是搀扶,而是目送,带着尊重和祝福,目送他们走得更远。因为,尊重,是孩子成长的动力。

父母自我生命的成长是对孩子最高的爱

张家港市云盘小学 徐梓琦妈妈 谢友宏

家有一小学四年级的女孩儿,她自幼画画、舞蹈、唱歌都喜欢。跟别人家总是父母要求学什么不同的是，她总是自己想尝试各种东西，我们也就一直用“放养”的方式任由她喜欢。

在我们家,但凡提到学习有关的事,孩子爸马上要提“当年勇”:你爸爸以前年年考第一名,特别数理化,都是满分,小学的东西太简单了,数学考不到95以上就是不及格。还好,一直以来,学霸爸爸对女儿的成绩还算满意,但是,有一天“出事”了……

那天,跟往常一样,我去学校接孩子放学,教室在三楼。每天放学班主任盛老师把孩子们带到一楼交给家长。那天我没有看到自己家的孩子,其他同学散了后盛老师跟我说,数学赵老师让我去教室。我说好。上楼梯的时候盛老师跟我说你家妞最近不在状态啊!我说:“嗯,是吗？”心里想着难道赵老师找我是不好的事？走进教室,赵老师在批改作业,跟老师打过招呼后,老师拿出一张练习:“你家女儿昨天的练习最后一题算错了,她改了后拿给我说批错了,你看一下,橡皮擦的印子还在。”我接过练习,果然是这样。我看了看孩子,她正在值日,显然她是听到了,但并没有看我。昨天听说数学考了96分,原来有4分是骗来的。走出校门,我问她:“你什么感受？”回答:“没什么感受。”过了一会儿说,“不要告诉老爸。”“嗯,好。”一路上无语,没有从前的叽叽喳喳。到家后孩子开始做作业,我立马跟先生聊起了微信,我说昨天的数学练习你看到了吗,错的什么题目。先生说没有看到练习,只是听到孩子自己说考了 96 分。我便告知了改题的事。显然,他很愤怒。我说孩子为什么会这么做,为什么不敢把练习拿出来,因为你很在意分数,她怕挨骂,我答应孩子不告诉你,你就当作不知道好了。晚上,我有事外出,便让孩子一个人在家做作业,告诉她爸爸一会儿就会到家。出门前我瞄了一眼,她正在写反思。我刚好看到两句:我对不起胸前的红领巾,对不起大队委的称号。我默默觉得心里一酸,她已经压力很大了。

大概晚上 7 点 30 分左右,我接到孩子爸的电话。他非常愤怒地告诉我,把孩子养的兔子给送到野外了,玩得太疯了,疯得都没心思学习了。我心里暗叫不好,发生了暴风骤雨,立马赶回家。到家后孩子把头蒙在被子里,哭红了眼睛。我无比内疚地告诉她:是我把这件事告诉了爸爸,但我不是为了告状,我觉得这件事的发生是因为爸爸太在意分数的原因,我会跟他好好沟通。待孩子睡着后我开始跟先生沟通,我说问题发生了是要好好解决,而不是愤怒到牵连到一只兔子。孩子为什么会这么做,是我们自身的原因,我们只能接受她考得好,不允许她出任何一点差错。

父母是原件,孩子是复印件,熊孩子的背后是熊父母,孩子所有的问题一定是父母的问题。同样的课本、同样的教室、同样的老师,孩子的差距一定来自家庭。家是我们修行的道场,当我们家庭和睦、氛围良好、热爱学习,这种无形的东西都是给孩子一生的财富。人生是一场马拉松,我们自己才是孩子的起点,比孩子更需要学习的是我们自己。当我们自身能量越来越高的时候,我们的孩子一定是身心健康的。

做最好的自己 成就最好的孩子

张家港市福前实验幼儿园 秦洁梅

说起孩子，我想大部分父母总是有说不完的话题，孩子的成长倾注了我们太多的心血和爱。今天我想说的：希望孩子成为什么样的人，你首先就要成为一个什么样的人，做最好的原件，来拓刻你的复印件。

事件一：从小努力

很多人觉得，从小努力是一件泯灭人性，过度功利的事情，为了自己的目标剥夺了孩子的童年。但事实上，除了个别极端案例，所有的努力跟功利毫无关系，恰恰是正确的选择。

本来今年寒假考虑到是女儿幼儿园最后一个新年假期，不打算报任何兴趣班，让她早早地放个假。但是由于她上学期的努力，舞蹈班选了两个优秀的学员可以免费参加寒假基础班训练。经过两次的沟通，女儿半推半就地同意了。虽然有点勉强，但每天跟外婆开开心心地去上课，晚上回来还自己练习当天学习的动作，并且连续十天，一次都未缺席。结束那天，家长可以全程拍照观摩，我当然是那个最守约的妈妈，请了假，早早地找了个最佳拍摄位置，等待着她们的舞蹈表演。朋友看了女儿表演的视频和照片后的评论却是各不相同：“你女儿的姿势好标准。”“你女儿真辛苦啊，放假还要去练功。”“你女儿的动作看起来很认真。”“台上一分钟，台下十年功，你女儿能吃苦呢。”看了评论，我笑了，其实他们怎么看并没有那么重要，重要的是我知道女儿怎么想,一来她非常享受我认同她努力认真的练舞态度,二来我知道她反复练习的背后,得到的是在表演的时候做每一个动作的自信和从容。

因为喜欢,所以勤奋,努力很累,教育孩子很累,陪伴成长很累,但一切都是值得的。别怕累,别怕麻烦,每一种选择都有代价,孰知她不是乐在其中呢?

事件二:学会感恩

教育不仅要对孩子进行智力的开发,学习习惯的养成,更要对孩子进行处世能力的培养。感恩不抱怨,我觉得是情商中很重要的一点。感恩是积极向上的思考和谦卑的态度,当一个人懂得感恩,便会将感恩化作一种充满爱意的行动,实践于生活。

在生活中,我和女儿之间从不吝啬自己的谢谢。比如说,她帮我倒水喝,我会说谢谢,我给她做饭,她也要跟我说谢谢。因为我们有明确分工,自己的个人生活料理自己完成,如果别人帮忙,必须说谢谢。过年,更是一个特别需要感恩的时刻,我们会相互说祝福的话来抒发对彼此的感激之情。始终告诫她,滴水之恩 当涌泉相报。别人没有必要和义务为你的事儿操心,如果有人伸出援手,必当常怀感恩之心。老子说,知足者富。知恩,感恩,谢恩,是我们和孩子一辈子要学的功课。

做最好的原件,来拓刻你的复印件,言传身教,做最好的自己。

呵护孩子心底的那片柔软

张家港市外国语学校 吴韬家长 丁利娜

年末,远在重庆的三位姨妈携家人一行八人到港城做客,作为主人我们自然要盛情款待。腊月二十八那天,我带着姨妈们去赶集,儿子韬韬也跟了去。集市上很热闹,韬韬很快就被鱼摊上那一条条活蹦乱跳的鱼儿吸引住了,盯着鱼儿满心的喜爱尽在眼底。母亲买了条大青鱼准备回家做酸菜鱼,韬韬仰头望着外婆,天真地说:"外婆,我们回去把鱼养在大池子里吧,那几条红鲤鱼又新朋友了。"母亲搪塞说:"行!"

回去的途中路过邻居家,想着他们家有水井,剖鱼清洗方便。母亲便就地将那条大青鱼给处理了。没想到那"血腥"的一幕让儿子给瞧了个正着,顿时指着外婆声泪俱下:"外婆你太残忍了,说好了要把它养在鱼池里的,怎么可以说话不算数,呜呜……"操着刀的外婆一时被指责得张口结舌,支支吾吾地说:"宝贝,这鱼买了,买了就是要杀了吃的呀。"亲戚们见了也赶紧过来安慰、劝解,回去的路上孩子想着那条死去的鱼又忍不住落泪,喃喃地说:"大青鱼好可怜,好可怜。"

晚上,那条大青鱼终是被做成了一道美味可口的酸菜鱼汤端上饭桌,众人争相品尝。无奈韬韬又默默地抹起了眼泪,坚决不肯吃鱼。我正想跟孩子讲讲道理:物竞天择,适者生存。转念又想"弱肉强食"的理论对此刻满是痛心不忍的孩子来说太过残忍,算了,先由他去吧。

饭后,大家围坐在一起喝茶聊家常。三姨妈说:"韬韬真是个心善的孩子,那条鱼他是真心舍不得啊。"小姨父也附和:"这孩子将来长大了肯定有孝心。”母亲听了不无骄傲地说：“那是当然。家里他是最软心肠的，养的小鱼、小狗、小乌龟都当宝贝一样，要是一不当心没养好，那可得伤心个一阵子。只要听到我咳嗽就立马给我端茶递水，还要捶背；他妈妈每天下班回来一听见开门声他呀就冲到门口给妈妈拿鞋拎包……”我不由得想起昨天去生态园游玩时韬韬看见木桥上的防滑毯被大风吹得半边卷了起来，一声不响跑过去拉平，回头看我时，我给他跷起大拇指；和姐姐相处总是懂得谦让，从不骄纵，爷爷奶奶都夸他是个小小男子汉，有绅士风度；每当孩子放学后告诉我在学校帮助了哪个同学，我便微笑着称赞他：“你做得好！”

家庭是孩子最好的学校，孩子从小在温馨和睦的大家庭里生活，在充满爱的环境中成长；父母是孩子的第一任老师，我们鼓励他帮助他人，支持他与他人分享，教会他关爱亲人，拥有一颗纯洁善良的心。莎士比亚曾经说：“善良的心地，就是黄金。”画家梵高认为：“爱之花开放的地方，生命便能欣欣向荣。”

向善而行，让我们一起呵护孩子心中那片最柔软的地方。

“妈妈，我要飞！”

张家港市梁丰中学 吴海燕

【情景重现】

还记得，那是个秋高气爽的傍晚，下班回到家，女儿一如往昔像小鸟般地扑进我的怀里：“妈妈，我要上电视台参加比赛啦！”望着女儿稚嫩而兴奋的脸庞，我不知说什么好。要知道，女儿才刚刚5周岁，从来没有参加过专业培训，因而根本就没什么才艺可言，怎么去参加市“闪闪童星”这样的比赛呀！可拒绝的话语怎么也无法从我这个做母亲的嘴里说出，只是抱起女儿，亲亲她的小脸蛋：“宝贝，你行吗？”“妈妈，我行！”稚气和坚定同时响在我的耳畔。

比赛的过程是艰辛的，初赛、复赛、决赛，一轮轮看似简单的背后，写下了女儿的执着。每天下班回到家，她总是央求我：“妈妈，你听听，我的歌唱得怎么样？”在我的微笑中，孩子的信心更足了。有一天，她竟然对我提出了这样的要求：“妈妈，我要去你学校，给你办公室的叔叔阿姨们唱歌。”哈哈，人小点子倒不少。第二天孩子来到了学校，在大人面前，她似乎有一点儿胆怯，但很快就进入了状态，一曲《虫儿飞》把大家陶醉了，我们竟然也跟着她哼了起来。正是凭着这动人的旋律，悦耳的歌声，女儿直接晋级决赛。望着她手持“红苹果”奖状，从后台快乐地飞奔而来，我再一次品尝到为人母的快乐。“妈妈，我会飞啦！”孩子和我一样兴奋着。

就在决赛前夕，女儿因为咳嗽住院了。望着她幼小的身子，我的心中真有几许不舍：“宝贝，如果你在这轮中淘汰了，你会难过吗？”女儿爽朗地回答：“没关系的，妈妈，下次准备准备可以再报名呀！我要像虫儿一样飞！”因此，尽管每天在医院和电视台之间穿梭，可女儿从没有说过要放弃，而我也在陪伴中分享着女儿成功的喜悦，收获着女儿带给我的也许是她还未知的道理：坚持就是胜利！

最终女儿获得了“张家港市闪闪童星才艺大赛”幼儿组十佳选手的称号，望着女儿自信的脸庞，我知道：从此以后，她的天地就宽了！

孩子，带着妈妈的祝福前行，你一定能飞！

【教育感悟】

每个人都有自己的梦想！孩子虽然只有5岁，她也有自己的追求。作为父母的我们，好好呵护孩子这颗种子，给予让其生长的“土壤、阳光”，不管结果是成功还是失败，经历就是一种收获，父母陪着孩子一起走过那些日日夜夜，在孩子幼小的心灵深处已经悄悄渗入——坚持就是胜利。如今，孩子已经是一名初中生了，每次回想起这段往事，总是感觉很温暖，想必这是我们共同的美好回忆！

我的育儿经——陪读

张家港市乘航小学　程恩灵妈妈　钱海娃

谈到“陪读”大家对此褒贬各一，众说纷纭，而我在孩子的学习过程中始终坚持着我的“陪读工作”。我家孩子在上小学前，我并没有用心对她进行学前教育，这种松散式管理教育带来的弊端在女儿上一年级后很快体现出来。拿数学来说吧，当别的孩子做口算已经心算了，我家孩子还在掰手指；别的孩子在老师规定的时间能做完100道口算了，我家只能做完一半多。那个差距不是一点点，怎么办呢？孩子急我也急，于是我开始了我的陪读生涯，我和她说慢慢来，妈妈陪着你一起学习，相信你能一步步赶上去。于是每天晚上给她计时做150道口算，持之以恒，进步越来越明显，总算赶上了大部队。再说说语文吧。语文默写我女儿的错误率一直是比较高的，就算前一天晚上给她默写过的词语，第二天她还是能错好几个。怎么办呢？我常记得我大女儿以前的老师说过，好的成绩来源于好的习惯，好的学习习惯就是每天的复习和预习，所以在默写错误率一直较高的情况下，我能做的还是每天坚持陪读。我让孩子换个侧重点来改变一下每天的学习内容，我减少了默写的频率和内容，把每天省下来的时间教她用来预习，一段时间下来发现默写正确率居然提高了呢。应该说整个一年级我是在陪读中看着女儿一点一滴地进步过来的。

在女儿学习进步的过程中，我一直充当着一个陪读的角色。进入二年级后，我要求她作业独立完成。不过这中间发现了她的又一问题，没有家长在旁边陪伴,她做作业非常磨蹭,一个小时也写不了几个字。于是我给她买了个小闹钟,教会她认时间,然后让她在规定的时间完成一定的作业。这样不仅作业效率提高了,孩子的专注度也变得集中了,省下的时间还能做别的孩子感兴趣的事情。我以为有了前期的陪伴,孩子养成了良好的习惯,从此我不用再陪孩子做作业了。于是在孩子做作业时,我在房间玩着手机看着电视,没想到孩子说:“为什么你可以看电视,你可以玩手机,而我不可以?”马上我就认识到了我的问题,第二天我就从学校图书驿站借了本《慈禧传》,给孩子营造了一个共同学习的氛围。于是每天晚上我家书房的画面是女儿在认真做作业、读书,而我就在旁边安静地看书。以前每天晚上我女儿心心念念看动画片,一到周五周六就迫不及待地和我讲条件要看几集。后来我鼓励她看书,我说书中有你要看的所有故事,比电视机里多得多。我自己也在陪读的一段时间里看完了几本这种厚厚的历史书,收获也挺大的。我在看书的过程中还经常有意夸张地说给孩子听:这书太好看了,看书真是收获太多了,还不时透露点书中的内容,让她产生对书的好奇。现在就算周末女儿也很少看电视了,而增加了看书的时间,并且养成了每天坚持阅读的好习惯。

曾经在网上看到这样一句话:今天的陪读是为了让明天早放手,今天的早放手,明天将没有机会陪读。需要孩子进步就需要和孩子一起成长,当然,陪读没有想象得那么容易,关健是要我们家长养成阅读的学习习惯,还要有耐心,帮助孩子读懂书中的内容。陪读之路我会一直走下去。

做一个会“偷懒”的家长
——适当的放手 助力孩子的成长

张家港市塘市小学　刘婷婷

近两年来，身边的朋友谈论最多的是要不要生二孩的事情。很庆幸，二宝没有给我多余的考虑时间就来到了我的身边。两年多的相处，我更坚信生二孩是我最正确的选择。

在二宝到来的半年甚至更久的时间里，我白天上班忙碌，下班回家就在两个宝贝中间忙碌。随着小宝的长大，慢慢地会说话、走路，和姐姐之间的矛盾也慢慢地呈现出来。曾经有一段时间俩宝总是不停地争抢玩具等物品，而我也就不停地在两个宝贝中间平息矛盾，大多的时候都是以我的严厉制止终止他们之间的争抢，难免会伤害其中一个孩子的感情。事后冷静下来，总是会对自己进行检讨，总觉得自己耐心不够、细心不足，在处理事情的时候总是顾此失彼。我也总是在平息战火和反思中失去了自我，完全没有自己的时间。

在一次次的筋疲力尽之后，我躺在沙发上隐隐约约地听到两个宝贝说话的声音，于是我悄悄地走过去，听到姐姐对弟弟说：我们要像小猫咪一样轻轻地，不能吵到妈妈……我的心头一暖，原来在我不介入的时候他们可以相处得如此之好。于是一个计划慢慢地涌上我的脑海，我决定要假装不在意，但是要暗暗地观察他们。大宝和小宝的年龄相仿，对于一个五岁和两岁的孩子来说，很多成人眼中的大道理不是很理解。大宝还处于由原来所有的东西属于自己一个人慢慢过渡到把自己所有的物品进行分享。小宝生来就有一个人和他分享,他习惯了这样的方式,但是他总是觉得姐姐的东西是最好的,所以两个人会发生一些抢夺东西的事情,一般都是因小宝而起。

新的一轮"抢夺战"开始了。在刚开始的几分钟时间里,双方互不相让,弟弟年纪小吃了亏就会哭。以往每次哭了以后都是以大人的强行制止结束,这一次当小宝意识到哭了也没有人理会他的时候,他就停止了哭闹;姐姐似乎也消了气,反过来把弟弟抱在怀里,帮弟弟擦眼泪安慰弟弟,主动把玩具让给了弟弟。此时弟弟也拉着姐姐一起玩耍,两个人就像刚才的"抢夺战"没有发生过一样。这真是给我上了一堂课,原来在大人眼中头疼的事情,在小孩子的眼里都是那么的自然。尝到了这一次的甜头,接下来每每发生这样的事情,我都会远远地躲起来观察。经过几次的观察,我发现虽然他们会发生一些不开心的事情,但是他们从不动手打人或咬人,于是我就决定放手让孩子自己解决自己的事情。

渐渐的,两个人发生矛盾的次数越来越少。姐姐变得更加独立了,不再因一点点的小问题就求助了,也更有了责任感,每次弟弟有不对的事情都能耐心地给弟弟讲道理;弟弟也有了很大变化,遇事不再胡搅蛮缠,愿意听姐姐讲道理,跟着姐姐学会了很多新本领,也较以前懂事很多,每次买东西都能首先想到姐姐,他们的感情也越来越好了。

教育家陶行知先生说:"小孩不小。"是的,我们不能总是以大人的观点看待孩子,适当地放手,去收获一份意外的惊喜。

事反思，等等。记录着，也有懈怠的时日，感恩导师许玉乾先生，他对我说："对孩子的教育不仅仅针对孩子，也是在给予自己和家中每个人教育，大家一起懂事成长，你的记录是很有价值的，这是新时代的家书……"字字珠玑，醍醐灌顶。

细想，我从没有间断对家庭教育的思考和实践，感恩"心树林"团队的每位"林老师"，我们在家庭教育指导学习和服务中，一起寻找对家庭、对工作、对生活微笑的力量；感恩黄辛隐教授、张翔教授对我们的关心和督导；感恩徐碧荣老师、黄云霞老师经常给予的肯定……

《谁是家中"懂事长"》这本小集子，是我们一个阶段的思考和实践汇总，并以此表达真诚地感谢、不尽地感激、无限地感恩……

感恩各级领导们对我们工作的关爱和支持，感恩朱朱和小路这一对无与伦比的"露珠组合"、感恩小燕和陶陶……

2019 年 12 月，当我在人民大会堂"爱在 365 天"全国德育盛典上，获得"最美妈妈"奖项的时候，一切的感恩汇聚——

不忘成为两个孩子妈妈时那骄傲的初心与责任；继续做"微笑妈妈"；继续做"好妈妈"；继续带领许许多多妈妈一起做"好妈妈"；继续用温柔的坚定去呵护孩子、锻炼孩子；继续和孩子、家人一起成长，因为我们个个都是"懂事长"。

现在，是个全新的起点，继续全心全意面对未来的"懂事世界"……

徐彩萍

于江苏省张家港市家庭教育服务指导中心

2020 年 4 月

后记

我是拥有两个可爱孩子的妈妈。我的第二个孩子呱呱落地的时候,我脑海里第一次蹦出个念头:“我是两个孩子的妈妈了!”满满的骄傲。小孩子出生后,大孩子不愿意把原本专属于她的“宝宝”称呼去掉,要求自己继续做“宝宝”,建议称呼妹妹为“贝贝”,我们尊重并采纳大孩子的意见。顺理成章,先生和我就成了“宝贝爸”“宝贝妈”,很骄傲的称呼。可是接下来的时间里,能保持这样的骄傲真不容易。

生活给每个家庭、每个人的待遇都一样,有乐有泪。喂养小孩子、照顾大孩子,学习和两个孩子同时相处,在家庭中有各种纷繁复杂的大事小事向我袭来,在我有接不住招的时候,我也会痛心不已……不过,在“宝贝爸”的帮助下,我的育儿之路逐渐清晰:家中人人都是“懂事长”。我逐渐拥有一种能力,叫“妈妈的反思”,这种能力帮助我每每在关键的时候走出迷雾。每次貌似孩子们出现状态的时候,我就反思是否自己有可以积极改变和调整的部分?每次有矛盾,我就想着我从“妈妈的角度”可以给予孩子哪些提示和指导……

我一直提醒自己:要做个“经常微笑”的妈妈。

最近一次“微笑妈妈”的记忆,是在小贝上一年级半个月左右。有一天,小贝说:“妈妈你好像变了,有时候你不像是我的妈妈……你以前常常微笑的,现在不怎么笑了……”我很惊讶,我真的是有这样的变化吗?也许是“一年级妈妈现象”吧。那天晚上,我反思的方向是——我的微笑哪里去了?当然,没多久,我又有了微笑的力量。感激“宝贝爸”、我的小宝小贝、我的婆婆,还有我父母……家人对我有莫大的关心、给予我经常微笑和内心平静的力量。

《家有“懂事长”》是我的随手记录,记录孩子的懂事经历,我的懂

图书在版编目(CIP)数据

谁是家中"懂事长":当代"家书"故事中的教育/
徐彩萍主编.—上海:文汇出版社,2020.12
ISBN 978-7-5496-3350-0

Ⅰ.①谁… Ⅱ.①徐… Ⅲ.①家庭教育-文集 Ⅳ.
①G78-53

中国版本图书馆 CIP 数据核字(2020)第 206575 号

谁是家中"懂事长"

——当代"家书"故事中的教育

主　　编 / 徐彩萍
责任编辑 / 张　涛
特约编辑 / 杨鹏侠
封面装帧 / 王　莹
插　　图 / 陶思烨

出 版 人 / 周伯军

出版发行 / 文匯出版社
上海市威海路 755 号 (邮政编码 200041)
经　　销 / 全国新华书店
印刷装订 / 上海颛辉印刷厂有限公司

版　　次 / 2020 年 12 月第 1 版
印　　次 / 2020 年 12 月第 1 次印刷
开　　本 / 890×1240 1/32
字　　数 / 140 千字
印　　张 / 6.875

ISBN 978-7-5496-3350-0
定　　价 / 42.00 元